일리아스 II
The Ilias

003 · 2/3

fly over an apartment with silver wings

일리아스 II

The Ilias

호메로스 지음
제미나이 · S 편역

복두(더)

서문 및 해설

1. 호메로스와 ≪일리아스≫의 탄생

≪일리아스≫는 대략 기원전 8세기에 활동한 고대 그리스 시인 호메로스의 서사시로 알려져 있다. 이 작품은 독창적인 상상력과 창조성이 '레게노'급이었다는 평가를 받으며, 호메로스를 모든 작가 중 가장 위대한 존재로 만들었다. 그의 작품은 마치 야생의 낙원처럼 무한한 아름다움, 생동감 넘치는 묘사 그리고 활기찬 영혼의 힘(vivida vis animi)을 고스란히 담고 있다.

호메로스의 플롯은 아킬레우스의 분노라는 짧고 단순한 주제에서 출발했지만, 이 작은 씨앗으로부터 놀랍도록 방대한 사건과 아킬레우스, 헥토르, 오디세우스 등 다양한 인물들의 성격을 세밀하게 묘사해냈다. 이 짜임새는 후대 서사시 작가들의 모범이자 원천이 되었다. 또한, 신들이 인간 세상에

개입하는 경이로운 우화는 시적 장치로서 작품의 위엄을 더해주었다.

2. 저작권 통일성 논쟁과 버클리의 견해

고대부터 '호메로스 문제'라 불리는 논쟁이 계속되었다. 과연 호메로스라는 한 개인이 ≪일리아스≫와 ≪오디세이아≫를 썼을까, 아니면 여러 시인의 단편들을 후대에 짜깁기한 결과물일까? 17세기 말 벤틀리나 19세기 울프 같은 학자들은 작품의 통일성에 의문을 제기하며, 구전되던 노래들이 기원전 6세기경에 비로소 하나의 서사시 형태로 엮였다는 가설을 내놓았다.

하지만 이 서문의 저자인 알로이스 버클리 목사는 시의 '통일성'에 대한 강한 확신을 드러낸다. 그는 미세한 언어 분석보다는 시가 전달하는 깊은 감동과 영혼의 즉각적인 깨달음에 호소했다. ≪일리아스≫ 같은 작품은 여러 단편의 모음이 아닌, 하나의 위대한 원칙과 거대한 비전을 가진 단 한 작가의 작품에서만 탄생할 수 있다는 것이다. 호메로스를 오랫동안 진심으로 읽는 독자라면, 이 작품이 인류에게 가장 큰 영향을 미친 위대한 작가의 '갓생'이 담긴 작품이라는 확신을 갖게 될 것이라고 그는 결론지었다.

차례

14 헤라, 아프로디테의 마법 띠로 제우스를 속이다 | 9
15 다섯 번째 전투 | 27
16 파트로클로스의 활약과 죽음 | 42
17 파트로클로스의 최후 | 106
18 아킬레우스의 슬픔, 그리고 헤파이스토스가 그를 위해 만들어준 새 갑옷 | 192

14

헤라, 아프로디테의 마법 띠로 제우스를 속이다

네스토르와 부상당한 왕들의 회의

마카온과 함께 식탁에 앉아 있던 네스토르는 점점 커지는 전쟁의 소란에 놀라 아가멤논에게로 서둘러 갔다. 그는 가는 길에 디오메데스, 오디세우스와 함께 있는 왕을 만났고, 상황이 얼마나 위급한지 알렸다.

그의 시야에 전망이 열리자마자, 그의 상처 입은 눈은 슬픔의 장면을 알았다. 끔찍한 무질서와 싸움의 소동, 폐허가 된 성벽 그리고 도망치는 그리스인들이었다.

그를 그의 행진 속에서 상처 입은 왕자들이 만났다. 느린 발걸음들로 함대에서 올라오는 그를 인간들의 왕 신성한 아가멤논, 오디세우스 그리고 디오메데스가 만났다. 그들은 창들에 지탱되어 그들의 길을 취했고, 싸우기에는 부적합했지만 그날을 위해 불안해했다. 네스토르의 접근은 각 그리스인의 가슴에 경보를 울렸고, 그에게 군대의 장군이 이렇게 말을 걸었습니다.

"오 아카이아 이름의 우아함과 영광이여, 네스토르여, 무엇이 당신을 명성의 들판으로부터 몰아내는 것입니까? 그렇다면 오만한 헥토르가 그의 자랑이 이루어지는 것을 볼 것입니까? 우리의 함대들은 재 속에, 우리의 영웅들은 죽임을 당한 채 말입니다. 모든 심장이 당신의 왕에 맞서 동등한 분노로 불타오르는 것입니까? 혹은 어떤 족장이 싸우려 하지 않는 것입니까? 모든 그리스인들 속에 새로운 아킬레우스가 일어나는 것을 말입니다."

게레니아인 네스토르가 대답했다.

"운명이 그렇게 원했습니다. 그리고 모든 것을 확증하는 시간이 운명을 이행했습니다. 우리가 최근의 침해할 수 없는 경계였던 성벽은, 그리고 최고의 방어물은 땅 위에서 연기를 내며 누워 있습니다. 심지어 배들까지도 그들의 정복하는 무기들이 확장되고, 그리고 학살당한 그리스인들의 신음들이 하늘로 올라갑니다. 무기들은 많이 할 수 없습니다. 이 벌어진 상처들은 저희를 싸움에서 붙잡아둡니다."

그에게 군주가 말했다.

"이 모든 것을 제우스의 고통을 주는 손으로부터 저희는 견디고 있습니다. 그는 아르고스로부터 멀리 여기서 우리의 파멸을 원합니다. 이제 하늘이 반대하여 우리의 손들을 싸움으로부터 묶고, 그리고 트로이의 영광을 하늘들로 들어 올립니다. 우리가 마침내 헛되이 우리의 피를 낭비하는 것을 멈추고, 바다에 가장 가깝게 누워 있는 배들을 띄웁시다. 잘 미리 본 악들로부터 달아나는 것이, 우리가 피할 수 있는 위험 속에서 멸망하는 것보다 낫습니다."

현명한 오디세우스가 이렇게 대답했다. 그의 경멸하는 눈들로부터 분노가 번쩍이는 동안이었다.

"어떤 수치스러운 말들이 (당신이 왕답지 않은 만큼이나) 그 떨리는 혀와 소심한 심으로부터 떨어지는 것입니까? '킹받네요!' 전쟁이 의심스러운 동안 그의 병사들이 싸우는 동안 말입니다. 트로이가 더 무엇을 할 수 있었겠습니까? 그들의 운명이 아직 부정하는 것을 당신은 적에게 주시는 것입니다. 모든 그리스는 그들의 전리품이 될 것입니다. 더 이상 군대들은 그들 자신이 버려진 싸움을 추구하지 않을 것입니다. '이생망'(이번 생은 망했다)을 외치며 당신과 같은 왕자에게 파멸을 빚질 것입니다."

"당신의 정당한 꾸지람들은 화살처럼 저를 꿰뚫습니다. 저는 기꺼이 복종합니다. 아가멤논이 침착하게 대답했습니다. 누구든 젊든 늙었든, 우리의 안녕에 더 도움이 되는 어떤 것을 펼친다면 말입니다."

 디오메데스가 그를 가로막고 이렇게 시작했다.
"만약 당신이 그런 조언을 찾는다면 그 사람을 보십시오. 대담하게 그것을 주는 그를 말입니다. 그리고 그가 젊을지라도 복종하는 것을 경멸하지 마십시오. 그러니 저 안에서 위대한 오이네우스의 아들의 말을 들으십시오. 비록 싸움에 쓰라리고 비록 상처들로 압도되었을지라도, 각자가 앞으로 나가 나머지 사람들을 활기차게 해야 합니다. 그러나 상처들 위에 새로운 상처들이 우리를 완전히 압도하지 않도록, 날아가는 투창의 소리 내는 비행을 넘어, 우리가 안전하게 서 있게 하십시오. 그리고 소동에서 멀리, 줄들에 영감을 불어넣고 먼 전쟁을 다스리십시오."

 그는 더하지 않았다. 경청하는 왕들이 복종하고,

천천히 움직여 나아갔으며, 아가멤논이 길을 이끌었다.

바다의 신(포세이돈)은 그들의 분노를 불태우기 위해 나이로 깊이 패인 한 용사처럼 나타났다. 왕의 손을 그는 잡고, 이렇게 존경스러운 영웅이 말했다.

"아가멤논이여, 보십시오! 아킬레우스가 얼마나 경멸하는 눈으로 자신의 나라 군대들이 달아나는 것을 보고 있습니까? 그가 멸망하게 하십시오. 제우스가 그 무자비한 불쌍한 자를 부정하고 수치심으로 짓누르게 하십시오! 그러나 하늘은 당신을 버리지 않았습니다. 저기 모래들 위로 당신은 곧 흩어진 트로이 부대들이 다양하게 날아가는 것을 볼 것입니다."

그는 말하고, 그런 다음 용사 무리 한가운데로 돌진했다. 그리고 그가 날아가는 동안 그의 목소리를 그 앞에 보냈다. 그의 삼지창이 단단한 땅을 찢는 그 천둥 같은 소리였다. 각 아르고스인들의 가슴은 싸움을 만나기 위해 뛰었고, 그리고 끔찍한 전쟁은 즐거운 광경처럼 보였다.

헤라, 제우스를 속이다

그동안 사투르니아 헤라는 올림푸스의 눈썹에서, 황금 왕좌에 높이 앉아 아래의 들판들을 내려다봤다. 기쁨으로 그녀는 그 영광스러운 충돌을 살펴보았으니, 그녀의 위대한 형제가 그리스인들에게 도움을 준 곳이었다. 그러나 높이 놓인 이다의 그늘진 높이에서 그녀는 그녀의 제우스를 보고, 그 광경에 떨었다.

제우스를 속이기 위해 어떤 방법들을 그녀는

시도해야 하는가? 그녀는 마침내 그녀의 힘을 믿으니, 오래되었지만 여전히 성공적인 사랑의 속임수를 증명하기로 결심했다.

재빨리 그녀는 그녀의 밝은 아파트로 달려갔다. 그녀는 먼저 목욕하고, 그리고 그녀의 몸 주위에 부드러운 향의 기름들과 암브로시아 소나기들을 부었다. 향수 뿌려진 바람들이 천상의 달콤함들로 신들의 감각들을 맞이했다.

이렇게 장엄한 걸음으로 빛나며 나오니, 돔으로부터 황제의 여신은 움직이고, 그리고 미소와 사랑의 어머니 아프로디테를 불렀다.

"아프로디테에게 말하겠습니다." 그녀가 외쳤다. "아직 아프로디테는 사투르니아의 기쁨을 도울 것입니까? 그리고 그리스와 트로이의 대의를 제쳐둘 것입니까?"

퀴테라에아 아프로디테가 말했다.

"하늘의 무서운 여제께서 그녀의 요청을 말하시고, 그녀의 뜻이 복종되었다고 여기게 하십시오."

여왕이 말했다.

"그렇다면 나에게 허락하십시오. 그 정복하는 매력들을 말입니다. 필멸의 존재와 불멸의 존재를 따뜻하게 하는 그 힘을, 인류를 격렬한 욕망들 속에 녹이고, 그리고 하늘의 아들들을 성스러운 불들로 불태우는 그 사랑을 말입니다! 저는 싸움 때문에 연합이 멈춘 오케아누스와 테튀스의 불화들을 다시 중재하려 합니다. 만약 내가 그 치명적인 불화들을 다시 중재한다면, 저는 어떤 영예와 어떤 사랑을 얻을 것입니까?"

그녀가 말했다. 신성한 경외심으로 사랑의

여왕은 제우스의 누이와 아내에게 복종했다. 그리고 그녀의 향기로운 가슴에서 허리띠를 껴안았으니, 다양한 기술과 높은 자수로 장식되어 있었다. 이 허리띠에는 첫사랑의 풋풋한 설렘처럼 달콤한 애정, 관계의 깊이를 암시하는 부드러운 맹세, 그리고 숨겨진 열망을 속삭이는 듯한 간절한 침묵과 눈빛의 웅변이 담겨 있었다.

  이것을 그녀의 손 위에 퀴프리아 여신이 놓았다. "이것을 가져가십시오. 그리고 그것과 함께 당신의 모든 소망을 얻으십시오." 미소와 함께 그녀는 그 매력을 취했고, 그리고 미소 지으며 강력한 띠를 그녀의 눈 같은 가슴에 눌렀다. 그 모습은 '완내스' (완전 내 스타일)였다.

제우스의 분노를 피해 달아나는 잠

 헤라가 잠의 신 힙노스를 찾아 파시타에를 대가로 제우스를 잠재워 달라고 설득하니 힙노스가 마침내 헤라의 요청에 동의하고 맹세하였다.

 성공적인 설득을 하고 헤라가 마침내 날아갔다. 위대한 제우스는 욕망하는 눈들로 그녀를 살폈다. 그 신은 그의 번개가 하늘들을 불 속에 두는 것처럼, 그의 가슴 전체를 통해 그 맹렬한 욕망을 느꼈다.

 "나의 영혼은 결코 그렇게 강한 열정을 증명한 적이 없습니다. 땅의 사랑이나 하늘의 사랑을 위해서 말입니다. 이제 나의 정맥들이 즐거운 불을 받는 것처럼 말입니다."

 그가 말했다. 매력적인 눈들을 가진 여신은

천상의 붉음으로 빛나고 이렇게 대답했다.

"이곳이 사랑을 위한 장면입니까? 이다의 높이에서 필멸의 존재와 불멸의 존재의 시야에 노출된! 우리의 기쁨들은 각 각 친숙한 눈에 의해 더럽혀지고, 하늘의 놀림감 그리고 하늘의 우화가 될 것입니다. 어떻게 제가 축복받은 거처들을 다시 볼 수 있겠습니까? 신성한 기술로 헤파이스토스이 당신의 작은 집을 만들었습니다. 정서적 교감의 아름다움을 나눌 수 있는 성스러운 곳을 말입니다. 만약 당신의 뜻이 그렇다면 그 은밀한 곳으로 물러가, 거기서 비밀리에 당신의 부드러운 욕망을 탐닉하십시오."

그녀는 멈췄다. 그러자 우월한 사랑으로 미소 지으며, 구름을 모으는 제우스가 이렇게 온화하게 대답했다.

"어떤 신도 어떤 필멸의 존재도 우리의 기쁨들을 보지 못할 것입니다. 구름들로 그늘지고 황금으로 감싸여 있으니 말입니다. 심지어 태양조차도 말입니다."

 그는 응시하며 말하고, 그 광경에 불타올라, 그의 열렬한 팔들을 여신 주위로 던졌다. 기뻐하는 땅은 감지하고, 그녀의 가슴에서 명령받지 않은 허브들과 자발적인 꽃들을 쏟아냈다. 두꺼운 새로 태어난 제비꽃들이 부드러운 카펫을 펼치고, 그리고 무리지은 로투스들이 솟아나는 침대를 부풀리고, 그리고 갑작스러운 히아신스들이 잔디를 덮고, 그리고 불꽃을 내는 크로커스가 산을 빛나게 했다.

 거기 황금 구름들이 천상의 한 쌍을 감추고, 부드러운 기쁨들 속에 젖고 공기로 감싸였다.

마침내 사랑과 잠의 부드러운 힘에 압도되어, 온 우주를 호령하는 벼락의 신 제우스는 고개를 끄덕이고 깊은 잠에 빠져들었다.

이제 조용한 날개들 위에서 함대로 날라져, 포세이돈의 귀에 부드러운 잠이 그의 메시지를 가져왔다.

"포세이돈이여, 이제 그 중요한 시간을 사용하십시오. 잠시 동안 트로이의 거만한 희망들을 막기 위해 말입니다. 제우스가 아직 쉬는 동안, 나의 기운들이 아직 그의 성스러운 머리 주위에 황금 환상을 뿌리는 동안 말입니다. 헤라의 사랑과 힙노스의 즐거운 유대들이, 그 위엄 있고 영원한 눈들을 감았으니 말입니다."

포세이돈의 증원과 헥토르의 부상

포세이돈은 증가된 열정으로 그의 보살핌을 새롭게 하고, 그리고 전쟁의 맨 앞에서 우뚝 솟았다. 분개하며 이렇게 말했다.

"오, 한때 호전적인 명성을 가졌던 자여! 오, 그리스인들이여! 당신들이 아직 그 이름을 받을 자격이 있다면! 헥토르가 당신들의 배들에 다시 천둥을 칠 것입니까? 여전히 당신들 자신이 되십시오. 그러면 당신들은 더 이상 필요하지 않을 것입니다."

그의 휘두르는 초승달 모양의 검은 그들의 눈들 앞에서 불꽃을 일으켰다.

트로이의 위대한 수호자는 혼자서 위축되지 않고 섰다. 그의 오만한 군대를 무장시키고 신에게 도전했다. 포효하는 바다는 그녀의 위대한 주인의 부름에, 거대한 줄들 속에 솟아나고 물의 성벽을 형성했다.

헥토르의 힘에 의해 재촉된 첫 번째 대담한 투창은, 아이아스의 가슴을 향해 곧장 그 길을 날았다. 그러나 거기서는 교차하는 벨트들이 어떤 통과도 허용하지 않았으니, 헛되이 날아간 그 창을 헥토르는 저주했다. '킹받네.'

그러나 아이아스는 피하지 않았다. 그의 폭풍 같은 손은 모래로부터 무거운 돌을 들어 올렸다. 긁힌 방패 위로 쓰러지는 굉음이 울렸고, 그의 가슴과 목에 정확하게 힘으로 내려왔다. 거기서 현기증 나는 분노를 죽이지 않고, 먼지 속에서 연기를 내고 땅을 파헤쳤다.

그렇게 위대한 헥토르는 해변에 엎드려 누웠다. 그의 느슨해진 손은 그가 날렸던 창을 버렸다. 큰 승리의 함성들이 붐비는 평원을 채웠다. 그리스는 희망 속에 트로이의 위대한 수호자가 죽임을 당하는 것을 보았다. 모두 그를 붙잡기 위해 뛰어오르고, 화살들의 폭풍들이 날아갔다. 그는 보호받고 상처 없이 누워 있었다.

폴뤼다마스, 신성한 아게노르 그리고 뤼키아 부대의 각 대담한 지도자가 덮는 방패들로 우호적인 원을 그리며 서 있었다. 그의 슬퍼하는 추종자들이 돕는 보살핌으로 그 신음하는 영웅을 그의 전차로 날랐다. 그는 피를 토하며 숨을 헐떡이고, 다시 기절했다.

헥토르가 쓰러지자 그리스군의 반격이 시작되었다. 아이아스가 히르티우스를, 폴뤼다마스가 프로토에노르를 죽이고, 아이아스의 반격이 계속되었다.

15

다섯 번째 전투

제우스의 분노와 새로운 신들의 명령

이제 트로이 용사들은 재빨리 깊은 해자를 넘어섰는데, 수많은 족장들이 땅 위에 헐떡이며 쓰러져 있었다. 이윽고 멈춰 서서 숨을 헐떡였는데, 전차들이 널브러진 곳에서 그들의 뺨에는 두려움이, 눈에는 공포가 가득했다. 이 정도면 전세가 '갑분싸'가 된 수준이었다.

그동안 달콤한 사랑의 잠에서 깨어난 제우스가 이다 산 정상에 자리를 잡고 앉았다. 그는 넓은 들판을 향해 주의 깊은 시선을 던졌다. 거기서 트로이인들이 달아나는 것을 보았고, 그리스인들이 무기들 속에서 오만하게 추격하는 것을 보았다. 멀지 않은 곳에 위대한 헥토르가 먼지 위에 쓰러져 있는 것을 그는 보았다. 그는 피를 토하며 숨을 헐떡이고 있었고, 의식은 거의 죽음의 문턱을 헤매고 있었다.

신은 그를 연민 어린 표정으로 바라보지 않고, 격분하여 사기꾼 헤라에게 말했습니다.

"오, 너! 여전히 영원한 제 의지에 반대하는 자, 영원히 악행을 증진하는 데 열심인 자여! 네 놈의 교묘한 속임수들이 신과 같은 헥토르를 쓰러지게 만들고, 그가 이끄는 정복 부대들을 들판에서 몰아냈구나. 네가 속임수로 우리의 거대한 힘에 맞서고 전능한 손에 용감하게 대적할 수 있다고 생각하는 게 맞느냐?' 너의 머리 위에 그 내키지 않는 복수를 끌어당기지 마라. 그렇지 않으면 너의 속임수들과 잘 꾸며낸 사랑의 기술도 아무 소용없다는 것을 증명하게 될 것이다."

벼락을 던지는 신이 말하자, 황제의 아내 헤라는 떨면서 이렇게 복종적인 말들을 돌려주었다.

"불멸의 힘들을 묶는 모든 맹세들, 그리고 당신의 검은 파도, 무서운 스틱스 강을 두고 맹세합니다! 바다의 통치자가 저의 술수에 넘어가 트로이를 피 속에 담그고 평원을 누비는 것이 아닙니다. 그 자신의 열정과 연민에 지배되어, 그리스인들을 돕기 위해 싸웠고 당신께 불복종했던 것입니다. 만약 그렇지 않았더라면,

당신의 헤라는 더 나은 조언을 드리고 하늘의 아버지께 복종하는 것을 가르쳤을 것입니다."

"너는 나와 같은 생각을 하는가, 아름다운 하늘들의 여제여?" 불멸의 아버지가 미소로 대답했다. "그렇다면 곧 오만한 바다 신은 복종할 것이고, 우리가 길을 지시할 때 외에는 감히 행동하지 않을 것이다. 만약 진실이 너의 혀에 영감을 불어넣는다면, 올림푸스 언덕 위 저기 밝은 의회에 우리의 뜻을 선포하십시오. 우리의 높은 명령을 다양한 이리스가 알게 하고, 은활을 가진 신 아폴론를 부르십시오. 이리스는 내려가 바다 신에게 그의 물의 왕국으로 돌아가라고 명령하십시오. 한편 포이보스(아폴론)는 위대한 헥토르를 준비시키기 위해 서둘러, 새롭게 일어나 다시 한 번 전쟁을 깨우게 하십시오.

트로이에게 쫓겨난 그리스는 심지어 아킬레우스의 함대까지, 영웅의 발 아래에서 수천 명씩 쓰러질 것입니다. 그는 연민에 덜 감동하지 않고 파트로클로스를 평원으로 보낼 것이지만, 헛되이 보낼 것입니다. 마침내 헥토르의 창에 의해 그는 정복당해 누워 있을 것입니다. 그때, 그리고 그때까지는 아닙니다. 위대한 아킬레우스가 일어설 것입니다. 그리고 보십시오! 그 순간 신과 같은 헥토르가 죽습니다. 그 위대한 시간으로부터 전쟁의 전체 운명은 돌아서고, 팔라스가 돕고 숭고한 일리온은 불타오를 것입니다."

헤라가 아레스에게 말했다.

"당신은 수치심과 함께 하늘로 다시 내쫓기고, 너의 죄 속에서 하늘의 군대를 휘말리게 할 것입니까? 일리온과 그리스는 더 이상 제우스를 싸우게 하지 않을 것입니다. '복세편살'(복잡한 세상 편하게 살자)하는 마음으로 제우스의 명령을 따르십시오."

아레스는 그의 반항하는 가슴을 다독이며 맹렬하게 소리쳤다.

"그러면 불멸의 자들이여, 이렇게 아레스가 복종할 것입니다! 저는 먼저 저 금지된 평원으로 내려가, 전투의 신은 죽은 자들에게 복수하는 것을 감행합니다. 비록 저의 머리 위로 터져 나오는 천둥이 저를 불꽃을 내며 죽은 이들의 더미들 위로 내던질지라도 말입니다."

헤라가 이리스와 아폴론를 이다 산으로 보냈다.
이리스가 포세이돈에게 말했다.

"위의 아버지의 위임에 귀 기울이십시오! 그는 당신에게 금지된 전쟁들로부터 당신의 자신의 깊은 곳들로 돌아가라고, 혹은 공기의 들판들로 숨 쉬라고 명령합니다. 만약 이것이 거부된다면 그는 당신에게 시기적절하게 그의 더 나이 든 장자권과 우월한 통치를 고려하게 명령합니다."

바다의 왕이 이렇게 격분하여 대답했다.

"하늘들의 거만한 주권자가 무엇을 의미하는가? 그가 그의 할당된 영역들을 높은 곳에서 원하는 대로 다스리게 하라! 나는 신하 신이 아니며 그의 무리의 사람도 아니다. 우리의 영예들은 같고 우리의 탄생도 같다."

이리스가 말했다.

"알겠습니다. 그러나 그의 위협들은 제가 당신께 전해 드렸습니다. 고귀한 마음은 회개하는 것을 경멸하지 않습니다."

포세이돈은 격렬하게 들판에서 성큼성큼 걸어,

그리고 홍수의 가슴 속으로 뛰어들었다. 그의 분노는 가라앉지 않았지만, 제우스의 명령에는 복종했다.

아폴론이 헥토르에게 활력을 불어넣다

벼락을 던지는 신은 그의 숭고한 높이에서 바라보았고, 이렇게 빛의 근원에게 말했다.

"가라, 내 아들아! 떠는 그리스인들에게 경보를 울리거라. 너의 활동적인 팔 위에서 나의 넓은 아이기스를 흔들어라. 신과 같은 헥토르가 너의 특별한 보살핌이 되게 하여라. 그의 대담한 심장을 부풀리고 그의 힘을 전쟁으로 재촉하여라. 아카이아인 무리가 그들의 배들과 헬레스폰투스로 다시 날아갈 때까지 일리온이 정복하게 하여라."

그의 신성한 뜻에 제우스의 아들이 복종했다.

포이보스가 이다 산의 눈썹에서 쏟아져, 산을 따라 아래의 평원으로 미끄러지듯이 내려왔다.

거기 헥토르가 흐름 옆에 앉아 있는 것을 그는 보았으니, 다가오는 산들바람과 함께 그의 감각들이 돌아오고 있었다. 다시 그의 맥박들이 뛰고 그의 정신들이 솟아났다. 제우스가 그의 고통들을 생각하고 그들은 사라졌으니, 그에게 황금 같은 날을 주는 신이었다.

"왜 위대한 헥토르가 싸움에서 그토록 멀리 앉아 있는가? 무슨 슬픔, 무슨 상처가 너를 전쟁으로부터 붙잡아두는가?"

그 기절하는 영웅은 밝은 환상이 그 위로 빛나며 서 있을 때 그의 시야를 절반만 열었다.

"무슨 축복받은 불멸의 존재가 지휘하는 숨결로 이렇게 죽음의 잠으로부터 헥토르를 깨우는 것입니까? 위대한 아이아스가 치명적인 타격으로 거의 저를 아래의 그림자들로 가라앉혔다고 명성이 말하지 않았습니까? 심지어 아직도, 제 생각에는, 저는 미끄러지는 유령들을 엿보고, 지옥의 검은 공포들이 제 눈앞에서 헤엄칩니다."

그에게 아폴론이 말했다.

"더 이상 낙담하지 마십시오. 보십시오! 그리고 강해지십시오! 벼락을 던지는 신이 당신에게 도움을 보냅니다. 보십시오! 당신의 포이보스가 그의 무기들을 사용할 것입니다. 당신과 트로이에게 여전히 호의적입니다. 그런 다음 당신의 용사들에게 강인한 힘으로 영감을 불어넣으십시오. 그리고 당신의 빠른 말들을 배들로 몰아붙이십시오. 심지어 저도 당신의 불같은 말들에게 길을 만들 것이고, 그리스인들을 머리부터 바다로 몰아붙일 것입니다."

이렇게 대담한 헥토르에게 제우스의 아들이 말했고, 위에서 불멸의 열정을 숨 쉬게 했다.

길들여진 말이 고삐가 풀린 채 그의 마구간에서 뛰쳐나와 땅을 따라 쏟아져 나아갈 때처럼, 신성한 목소리에 의해 재촉되어 이렇게 헥토르는 날아갔고, 그 신으로 가득 차 그리고 그의 모든 군대가 추격했다. 헥토르의 '폼 미쳤다'는 귀환에 트로이 군은 '가보자고'를 외쳤다.

헥토르의 맹렬한 공격에 그리스군이 겁에 질려있어 토아스가 그리스군을 재정비하도록 조언하였다.

토아스가 말했다.

"그래도 저의 조언을 듣고 그의 최악의 것에 맞서십시오. 첫 번째 공격에 서서 폭풍을 도발하게 하십시오. 이렇게 적의 무기들을 겨냥하십시오. 그러면 아무리 맹렬할지라도 헥토르는 두려워하는 것을 배울 것입니다."

포이보스가 방패를 움직이지 않고 나르는 동안, 의심스러운 정복이 들판 위로 맴돌았다. 그러나 그가 그것을 공중에 높이 흔들 때, 그들의 귀에 함성을 치고 그들의 눈들 속에서 번개를 치자, 깊은 공포가 모든 그리스인의 가슴을 사로잡았다. 그들의 힘은 낮아지고 그들의 두려움은 고백되었다.

아폴론은 해자의 경계에 자리 잡아, 둑을 밀었다. 아래로 그 엄청난 언덕이 가라앉았다. 해자 속에 굴러간 쌓인 폐허는 누워 있었다. 갑작스러운 길, 길고 넓은 길이었다. 무서운 해자 위로 이제 말들과 인간들 그리고 전차들이 소동스럽게 지나갔다.

놀라는 군중들은 아래로 향하는 평지를 밟았고, 그들 앞에 방패가 불꽃을 일으키고 신이 행진했다.

그런 다음 그의 손으로 그는 강력한 성벽을 흔들었고, 작은 탑들이 고개를 끄덕이고 성벽들이 무너졌다. 마치 한 아이가 해변에 서서, 모래 속에 상상 속의 집들을 그릴 때처럼 쉽고, 장난기 많은 그 아이는 어떤 새로운 놀이에 기뻐하며, 그 가벼운 작품들과 만들어진 돔들을 쓸어버릴 때처럼, 이렇게 너의 접촉에 사라졌다. 탑들과 성벽들이, 수천 명의 노고가 한순간에 쓰러졌다.

"오, 제우스여! 만약 언젠가 그의 고향 해변에서 어떤 그리스인이 당신의 신전을 제물로 바쳐 풍요롭게 했다면, 자비로운 신의 약속을 이행하십시오! 오늘 우리의 해군들을 불길로부터 보존하시고, 그리스 이름의 유물들을 구원하십시오."

 이렇게 현자는 기도했다. 영원한 그가 동의를 주었고, 그리고 천둥소리들이 하늘을 흔들었다.

 한 오만한 배에서 함대 위로 높이 탑처럼 솟은 그 배에서, 위대한 아이아스와 신과 같은 헥토르가 만났다. 한 가지 밝은 전리품을 위해 족장들이 다투었다.

 "오, 친구들이여! 오, 영웅들이여! 영원히 소중한 이름들이여! 너희의 운명들은 너희 자신의 손들 안에 있다. 저기 트로이인들이 서 있고, 여기 깊은 바다가 굴러간다. 너희가 밟는 것은 적대적인 땅이다. 너희의 고향 땅들은 여기서 멀리 멀리 떨어져 있다. 너희의 운명들은 너희 자신의 손에 달려있다."

 격노하며 그는 말했고, 창을 휘둘렀다.

클뤼티우스의 아들 클뤼토스는 불타는 나뭇조각을
흔들다가 아이아스의 창에 꿰뚫려 소멸했다. 열두
명의 가장 대담한 자들이 한순간에 쓰러졌으며,
위대한 아이아스에 의해 지옥의 그림자들로
보내졌다.

16

파트로클로스의 활약과 죽음

아킬레우스를 향한 파트로클로스의 간청

 양쪽 군대는 피바다가 된 해변에서 개싸움을 벌였고, 검은 함선들에서는 피 냄새와 함께 연기가 피어올랐다. 그 와중에 파트로클로스는 친구 아킬레우스에게로 냅다 달려갔다. 그의 눈에서는 굵은 눈물이 봇물 터지듯 쉴 새 없이 흘러내렸다. 그 모습은 높은 바위에서 검은 물이 쏟아져 내리는 시냇물보다 훨씬 더 격렬하게 보였다.

위대한 영웅 아킬레우스는 친구를 보자 연민을 느꼈고, 그의 최애이자 가장 아끼는 벗에게 따뜻하게 이렇게 말했다.

"파트로클로스여, 어떤 슬픔이 그대의 마음에 큰 상처를 주고 있습니까? 왜 그렇게 빠르게, 사내답지 못한 눈물을 흘리는 것입니까?"
아킬레우스는 그의 얼굴을 부드럽게 감싸 쥐었다.
"마치 어머니 품에서 떨어지기 싫어 떼쓰는 어린아이 같습니다. 그 누구도 그대처럼 찐텐(진심)으로 울지는 않습니다. 아기가 무릎에 매달리거나 팔에 닿을 때, 어머니의 마음보다 그대는 저의 마음을 더 따뜻하게 만들곤 했습니다. 오, 도대체 머선129(무슨 일입니까)? 그토록 격렬한 슬픔이 왜 이 친구를 이토록 억까(억지로 힘들게)하는 것입니까?"

"저를 위해 슬퍼하는 것입니까, 아니면 저의 용맹한 뮈르미돈 부대를 위해 슬퍼하는 것입니까? 혹시 우리 고향으로부터 슬픈 TMI(굳이 필요 없는 정보)라도 왔습니까? 우리의 아버지들—당신은 선량한 메노이티우스, 저는 백발의 펠레우스—은 아직 살아 계십니다. 그들의 나이에 자식들의 칭찬을 듣는 것을 소확행(소소하지만 확실한 행복)처럼 기뻐하고 계십니다. 아니면 혹시 노잼스러운(더 재미없는) 다른 이유 때문에 그대가 괴로운 것입니까? 어쩌면 저기 그리스의 육각형 인간들(모든 면에서 완벽한 인간들)이 불과 칼에 배가 침몰당하고, 그들의 관종(관심종자) 같은 영주가 빼앗은 것을 되찾으려고 몰수를 지불해야 하기 때문입니까? 원인이 무엇이든, 그대의 비밀스러운 걱정을 털어놓고, 이 친구가 함께 나누려는 그 슬픔들을 말해 주십시오."

그 순간 그의 가슴에서 한숨이 터져 나왔고, 또 다른 한숨이 뒤따랐다. 파트로클로스가 마침내 입을 열었다.

"부탁드립니다. 마침내 그리스를 향한 연민으로 그대의 마음을 움직여 주십시오. 그대 자신이 그리스인이며, 한때 그리스인들 중에서 최고의 폼(실력)을 보여주었습니다!" 파트로클로스는 눈물을 닦았다. "보십시오! 운명을 막을 수도 있었던 모든 족장들이 상처에 꿰뚫려 천막에서 피를 흘리며 누워 있습니다. 에우뤼퓔루스, 티데우스의 아들, 아트레우스의 아들 그리고 현명한 오디세우스가 모두 해군에서 고통받고 있습니다. 그들은 자신의 상처보다 나라의 상처 때문에 더 힘들어하고 있습니다. 그들의 고통은 부드러운 약으로 나아질 수 있지만, 그대의 화난 마음만은 어떤 약으로도 달래지지 않고 있습니다. 저의 영혼은 그대처럼 너무 킹받는(화가 나는) 격노에 사로잡히지 않기를 바랍니다. 오, 헛되이 위대한 분이시여! 이성 없이 용감한 자여! 그녀의 마지막 곤경 속에서 그대의 나라를 모른 척하니, 어떤 친구가, 어떤 사람이 그대에게서 도움을 희망할 수 있겠습니까?"

"아니, 아직 태어나지 않은 사람들 그리고 앞으로 올 시대들이 그 맹렬하고 용서하지 않는 마음에 마상(마음의 상처)을 입고 저주할 것입니다." 파트로클로스는 절망적으로 외쳤다. "오, 정말 무자비한 분이십니다! 만약 그대의 출생이 인간의 종족이라면, 그대는 분명히 부드러운 어머니의 품에서 태어나지 않았을 것입니다. 어떤 사랑에 빠진 영웅도 그대의 탄생을 만들지 않았고, 어떤 부드러운 여신도 그대를 낳지 않았습니다. 마치 거친 바위가 그대의 단단한 내면을 만들었고, 격노하는 바다의 폭풍 속에서 태어난 듯합니다. 그 폭풍과 딱 어울리는 영혼, 그토록 거칠고 길들여지지 않은 마음을 가지고 계십니다."

"만약 어떤 끔찍한 신의 예언이 그대의 마음에 경고를 울린다면, 만약 제우스나 테티스로부터 온 어떤 것이 그대의 팔을 멈추게 한다면, 아직 어떤 위안의 빛이 그리스 위에 빛날 수도 있습니다. 만약 제가 뮈르미돈 군대의 선두에 서기만 한다면 말입니다. 그대의 무시무시한 갑옷을 입고 제가 나타난다면, 오만한 트로이는 떨 것이고 전쟁을 포기할 것입니다. 그대의 모습 없이도 그리스는 그날 승리할 것이고, 그대의 단순한 이미지가 그녀의 적들을 쫓아낼 것입니다. 지치고 힘든 그리스 군대가 배들을 버릴 수밖에 없을 때, 그리스는 다시 숨통이 트일 것입니다."

이렇게 운명에 눈이 멀어 간절하게 간청하는 숨결로, 파트로클로스는 아킬레우스의 갑옷을, 그리고 그 갑옷들 속에서 자신의 죽음을 구걸하고 있었다. 불행하게도 착한 친구여! 아킬레우스는 불길한 한숨을 내쉬었고, 그것과 함께 이 대답을 했다.

"파트로클로스여! 그대의 아킬레우스는 어떤 두려움도 알지 못합니다. 제우스로부터의 말들도, 어떤 신의 예언들도 저는 듣지 않습니다. 어떤 어머니의 조심성도 제안하는 어떤 것도 듣지

않습니다. 다만 폭군 같은 오만함만이 저의 가슴에
뿌리 깊이 박혀 있습니다. 저의 잘못들, 저의
끊임없는 생각들이 저를 사로잡고 있습니다.
그것들만이 저의 유일한 분노를 부추기는
예언입니다. 저는 그를 폭군으로 만들었고, 그에게
잘못을 저지를 힘을 주었습니다. 심지어
저에게까지 말입니다! 저는 그것을 느꼈고
오랫동안 그것을 느낄 것입니다. 수많은 잘 싸운
날들의 노고에 마땅하고, 그녀의 아버지의 왕국을
정복한 저의 공로에 마땅하고, 모든 그리스인들의
투표에 마땅한 그 처녀, 저의 검은 눈의 처녀를
그가 강제로 데려갔습니다. 저로부터 그가 그녀를
강제로 데려갔습니다. 용감하고 대담한 저를, 가장
비열한 노예처럼 망신 주고 모욕했습니다. 그러나
이것을 우리가 견디겠습니다. 제가 슬퍼하는

잘못들은 지나갔습니다. 이제는 우리의 분노가 마침내 누그러져야 할 시간입니다. 저는 그것의 날짜를 정했고, 제가 바랬던 그날이 나타납니다. 헥토르가 저의 배들로 그의 전투를 가져오는 것을, 불길들이 저의 눈들을, 함성들이 저의 귀들을 침범하는 것을 말입니다."

"그러니 가십시오, 파트로클로스여! 영광의 아름다운 매력들을 구애하십시오. 트로이의 유명한 들판들에서 그리고 아킬레우스의 갑옷들 속에서 말입니다. 저의 호전적인 뮈르미돈인들을 싸움으로 이끌어 가십시오. 가서 함대들을 구원하고 저의 권리로 정복하십시오. 보십시오, 저기 버려진 땅의 마지막 가장자리에 있는 그들의 좌절된 부대의 얇은 유물들을! 보십시오, 모든 일리온이 그들의 배들 위로 내려옵니다. 구름이 어떻게 검게 변하고 폭풍이 어떻게 임박하는지 보십시오! 이것은 그렇지 않았습니다. 저의 모습에 놀라 트로이가 보았고 떨었을 때, 이 투구가 불꽃을 일으켰을 때 말입니다. 만약 그 불의한 왕이 우리의 우정을 잃지 않았더라면, 저기 넓은 해자가 그녀의 군대의 절반을 묻었을 것입니다."

"어떤 진영도, 어떤 성벽도 이제 트로이인들은 두려워하지 않습니다. 그것들은 무섭지 않습니다. 아킬레우스가 거기 없으니 말입니다. 티데우스의 아들의 창은 더 이상 불꽃을 일으키지 않고, 그대들의 장군은 더 이상 그의 영웅들을 부르지 않습니다. 저는 듣습니다. 헥토르만이 그의 무서운 숨결이 그대들의 학살을 명령하거나 그대들의 죽음을 선포하는 것을 말입니다. 그러나 이제 파트로클로스여, 평원으로 나아가십시오. 이제 배들을 구원하고 솟아오르는 불들을 억제하십시오. 그리고 그리스인들이 그리스를 다시 방문하도록 하십시오."

"그러나 저의 말들에 주의하고 친구의 명령을 주목하십시오. 저는 저의 명성과 영광을 그대의 손에 믿고, 그대의 행동들로부터 아카이아 군대가 제가 잃은 아름다운 처녀를 되돌려줄 것을 기대합니다. 모든 적대적인 무리를 통해 통제되지 않은 분노를 발휘하십시오. 그러나 헥토르를 만지지 마십시오. 헥토르는 저의 몫입니다. 비록 제우스가 천둥 속에서 전쟁을 명령할지라도, 정의로우십시오. 저의 영광을 고려하고 삼가십시오. 함대가 한 번 구원되면 더 이상의 추격으로부터 단념하십시오. 그리고 그리스인 종족을 일리온의 성벽들로 이끌지 마십시오. 어떤 반대하는 신이 그대의 무모함을 파괴할지도 모릅니다. 트로이에게 항상 친절한 포이보스와 같은 어떤 신이 말입니다. 그리스는 이 파괴적인 곤경에서 구원받아, 그녀 자신의 일을 하게 하십시오. 그리고 나머지는 운명에게 남겨 두십시오."

아킬레우스는 잠시 하늘을 바라보며 깊은 소망을 드러냈다. "오, 모든 불멸의 힘들이여! 아폴론, 팔라스 그리고 전능한 제우스께! 어떤 트로이인도 살아남지 못하고, 그리고 그 종족 전체의 어떤 그리스인도 살아남지 못하기를 바랍니다. 오직 우리만이 그 광대한 파괴를 피하고, 오직 우리만이 그 저주받은 도시를 파괴할 수 있기를!"

족장들이 그런 대화를 나누는 동안, 해변에서는

위대한 제우스가 트로이 부대에 승리의 왕관을 씌웠다. 아이아스는 더 이상 쏟아지는 창과 다트의 철의 폭풍을 지탱하지 못했다. 그의 지친 팔 위로 무거운 방패가 매달렸고, 속이 빈 투구는 떨어지는 투창들로 울렸다. 그의 숨결은 빠르고 짧은 헐떡임들 속에 오고 갔으며, 고통스러운 땀이 그의 모든 사지에서 흘러내렸다. '오운완'은 고사하고 기진맥진하고 압도되어 그는 기껏해야 겨우 숨을 쉬었지만, 어떤 군대도 그를 그의 자리에서 움직이게 하지 못했다. 위험들이 그의 주위 모든 곳에서 불타올랐고, 고통이 고통에 이었으며, 비통함이 비통함에 뒤따랐다.

자, 뮤즈들이여! 이제 그들이 별이 박힌 왕좌 위에 앉아 있는 당신들께 말해 주십시오. 어떻게

먼저 해군이 트로이 불길들로 불꽃을
일으켰습니까?

 엄격한 헥토르는 그의 검을 흔들고 맹렬한
아이아스가 그의 물푸레나무 창을 재촉하는 곳
가까이에 서 있었다. 헥토르는 아이아스의 창을
향해 정통으로 타격을 했고, 그의 넓은 초승달
모양의 검이 그것의 놋쇠 머리를 잘라버렸다.
위대한 아이아스는 끝이 잘린 창을 헛되이
흔들었고, 놋쇠 머리는 소리 내며 평원에 떨어졌다.
위대한 아이아스는 그 신성한 손을 인정하고,
제우스를 고백하며 그 불길한 신호에 떨었다.
'스불재' 같은 상황을 경고받은 그는 후퇴했다.
그런 다음 모든 면으로부터 빠르게 쏟아져 나오는
쉿 소리를 내는 불타는 나뭇조각들의 두터운

흐름들이 불의 소나기를 내렸다. 높은 선미 위로 곱슬거리는 불덩이들이 솟아올랐고, 굴러가는 시트들이 연기를 품으며 하늘을 감쌌다.

신성한 아킬레우스는 솟아오르는 불꽃들을 보았고, 그의 넓적다리를 치며 이렇게 크게 외쳤습니다.

"무장하십시오! 무장하십시오, 파트로클로스여! 보십시오, 불길이 솟아오릅니다! 빛나는 바다가 불들로 붉게 변했습니다. 우리의 배들이 퍼지는 불길을 붙잡기 전에 무장하십시오! 그리스인들이 더 이상 이름이 되기 전에 무장하십시오! 저는 서둘러 군대들을 데려오겠습니다."

영웅은 말했다. 친구는 열정과 기쁨으로 복종했다.

그는 그의 사지들을 놋쇠 속에 감쌌다. 먼저 그의

강인한 다리들 주위로 은빛 버클들로 묶인 각반들을 착용했다. 그런 다음 그의 가슴에 천 개의 염색들로 된 불꽃을 일으키는 흉갑을 적용했다. 황금 못들로 빛나는 그의 초승달 모양의 검이 풍부한 벨트 속에 별이 박힌 구역 속에서처럼 빛났다. 아킬레우스의 방패가 그의 넓은 어깨들을 펼쳤고, 아킬레우스의 투구가 그의 머리 위로 고개를 끄덕였다. 그의 모든 무시무시한 대형들 속에 장식되어, 그는 주위로 참을 수 없는 낮을 섬광으로 내뿜었다. 폼 미쳤다!

 오직 홀로 만져지지 않은 채 펠레우스의 아들 아킬레우스의 투창만이 서 있었으니, 오직 펠레우스의 아들의 손들에 의해서만 균형을 잡을 수 있었다. 펠리온 산의 그늘진 눈썹에서 늙은 카이론이 전체 식물을 찢었고 그의 아버지를 위해 그것을 만들었다. 오직 아들의 위대한 팔만이 그 무기를 휘둘렀으니, 그것은 영웅들의 죽음 그리고 들판들의 공포였다.

용감한 아우토메돈—사랑과 명성에서 그의 영주에게 두 번째였고, 평화 속에서 그의 친구이고 전쟁의 동반자였던—이 날개 달린 말들을 전차에 연결했다. 크산투스와 발리우스는 불멸의 품종이었고, 바람에서 태어났으며 속도는 바람과 같았다. 날개 달린 하피 포다르게가 그들을 낳았으니, 산들바람 부는 해변에서 제피로스에게 임신했다. 빠른 페다소스가 그들의 옆에 추가되었으니, 한때 위대한 아이티온의 것이었고 이제는 아킬레우스의 자랑이 되었다. 힘에서 같았고 빠름에서도 그리고 우아함에서도 필멸의 말이 불멸의 종족과 겨루었다.

아킬레우스는 천막에서 천막으로 빠르게 다니며, 그의 강인한 뮈르미돈인들을 피와 무기들로 전투에 임하도록 독려했다. 모두 '존버하다' 숨 쉬었고, 족장 주위에 그들은 무시무시하고 끔찍하고 무서운 무리가 되어 서 있었다.

그들은 마치 게걸스러운 늑대들처럼 샘물을 찾았다. 끓어오르는 갈증이 그들의 타오르는 내장들을 비틀 때, 어떤 키 큰 사슴이 숲에서 깨끗하게 도살되어, 그들의 넓고 만족하지 못하는 목구멍들을 피로 적셨을 때, 검은 샘물로 그들은 돌진했고, 흉측한 무리를 이루었다. 부풀어 오른 배와 늘어진 혀와 함께 불이 그들의 눈들을 채우고 그들의 검은 턱들은 피를 토해내고, 학살로 배부른 채 여전히 그들은 더 목말라했다. 마찬가지로 맹렬하게 뮈르미돈인 무리가 돌진했고, 그런 그들의 무서운 힘이 그런 그들의 죽음의 모습이었다.

가장 한가운데에 위대한 아킬레우스가 서서 그들의 순서를 지시하고 전쟁을 명령했다. 그는 제우스가 사랑하는 그가 일리온의 해변들을 위해 완전한 쉰 척의 배들을 쉰 명의 노 젓는 이들로 띄웠다. 다섯 명의 선택된 지도자들이 맹렬한 부대들을 복종시켰고, 아킬레우스 자신은 통치에서만큼 용맹함에서도 최고였다.

먼저 메네스테우스가 행진했으니, 천상의 탄생을 가진, 그의 물들이 땅을 씻는 신성한 스페르케이우스 강, 제우스로부터 내려온 홍수로부터 유래했다. 필멸의 어머니가 신과 섞였다. 그런 메네스테우스가 명성으로 잘못

불려졌으니, 그 여인과 결혼했던 보루스의 아들로 불렸다.

다음으로 에우도로스가 나섰다. 명랑한 폴뤼멜레가, 우아한 춤에서 유명한 그를 오늘 낳았다. 교활한 퀼레니우스가 그녀를 사랑했으니, 그녀가 빠른 발걸음으로 달리는 미로를 만들 때 그녀에게 응시하곤 했다. 아르테미스의 성가대에서 그녀의 높은 방으로, 그 신은 그녀를 추격했고 재촉했으며 그의 불꽃에 왕관을 씌웠다. 그 아들은 그의 아버지의 천상의 종족을 고백했고, 그의 어머니의 빠름을 추격에서 상속받았다.

강한 에케클레스는 신을 기쁘게 했던 모든 그 매력들 속에서 축복받았고 그녀의 팔들로 뒤따랐다. 명성으로부터 오랫동안 숨겨진 그 사랑들을 알지 못하고, 값비싼 선물들로 그는 그 여인을 찾았고 얻었다. 그녀의 비밀스러운 자손을 그녀의 아버지에게 그녀는 날랐고, 그녀의 아버지는 부모의 보살핌으로 그를 쓰다듬었다.

 피산데르가 뒤따랐으니, 그의 기술에서 비길 데 없었다. 창을 날리는 데 혹은 먼 다트를 겨냥하는 데 말이다. 모든 아이마티아인 혈통 중에서 그렇게 확실한 손은 없었으니, 혹은 만약 더 확실한 것이 있다면 위대한 파트로클로스여! 그대의 것이다.

 네 번째는 포이닉스의 엄격한 명령으로 영광을 얻었고, 라에르케스의 용맹한 자손이 마지막을 이끌었다.

 아킬레우스가 우월한 보살핌으로 족장들을 불렀고 모든 전쟁을 명령하자마자, 이 엄격한 기억을 그의 군대들에게 주었다.

 "오, 멀리 유명한 뮈르미돈인들이여! 그대들

맹렬하고 용감한 자들이여! 그대들이 고대 날들 속에서 했던 그대들의 행동들을 명심하십시오. 그대들의 신과 같은 주인님을 그대들의 행동들로 선포하고 그리고 그의 강력한 이름에 새로운 영광들을 더하십시오. 그대들의 아킬레우스가 그대들이 싸우는 것을 본다고 생각하십시오! 용감하십시오, 그리고 그대들이 구원하는 오만한 군주를 낮추십시오."

 그가 모든 가슴에 불꽃을 일으키는 동안, 가깝고 더 가깝게 경청하는 부대들은 압박했다. 줄들이 줄들 속에 끼워졌고, 무기들의 강철 같은 원이 여전히 성장하고 퍼지고 왕 주위에 두꺼워졌다.

 마치 건축가가 바람과 폭풍에 맞서 방어적인 힘의 둥근 성벽을 만들 때처럼, 밀집된 돌들이 두꺼워지는 작품을 구성하고, 그의 주위로 넓게 솟아나는 구조물이 성장하는 것과 같았다. 그렇게 투구가 투구에 그리고 깃털 장식 투구가 깃털 장식 투구에 몰려들고, 방패가 방패에 그리고 사람이 사람을 앞으로 몰아붙였다. 두껍고 구별되지 않는 깃털 장식 투구들이 함께 합쳐져 하나의 바다 속에서 떠다니고 바람 앞에서 흔들렸다.

나머지 사람들 위로 멀리서 빛나는 화려함 속에서 나타났다. 여기 대담한 아우토메돈, 저기 파트로클로스가 무기들 속의 형제들, 동등한 분노로 불타올랐다. 두 명의 친구들, 한 영혼으로 영감을 받은 두 개의 몸들이었다. 완내스!

그러나 신들을 명심하고 아킬레우스는 그의 그늘진 천막에 있는 풍부한 궤짝으로 갔다. 거기 그의 다양한 옷들이 쌓여 있었고, 값비싼 모피들 그리고 금으로 뻣뻣한 양탄자들도 쌓여 있었다

(은빛 발의 여인 테티스의 선물들이었다).

거기서부터 그는 고대의 틀의 잔을 하나 가져왔다. 어떤 인간도 붉은 와인으로 더럽힌 적이 없는, 혹은 신성한 힘에게 제물들로 들어 올린 적이 없는, 펠레우스의 아들 아킬레우스 외에는. 펠레우스의 아들은 제우스에게만 제물들로 들어 올렸다. 이것을 유황으로 물들이고 먼저 불꽃에 성스럽게 그는 정화했고, 그리고 흐르는 시냇물에 그것을 씻었다. 그런 다음 그의 손들을 깨끗이 하고 잠시 동안 그의 눈들을 하늘에 고정하고 그의 발들을 희생의 장소에 섰다. 그는 자주색 한 모금을 한가운데에 쏟아부었고 이렇게 신에게 간청했다.

"오, 당신은 최고이신 분! 모든 높이 위에 높이 왕좌에 앉은 분! 오, 위대한 펠라스기아인, 도도나인 제우스여! 주위의 서리들 그리고 차가운

증기들 한가운데에서, 황량한 도도나의 말하는
언덕을 주재하십니다. (셸리, 그의 숲들을 엄격한
종족이 둘러싸고, 그들의 발들은 씻겨지지 않았고
그들의 잠들은 땅 위에 있습니다. 그들은
바스락거리는 떡갈나무들로부터 당신의 어두운
명령들을 듣고, 산들바람 속에서 낮게 속삭여지는
운명들을 붙잡습니다.) 오래전처럼 들으소서!
당신은 테티스의 기도에 응답하여, 저에게 영광을
그리고 그리스인들에게 절망을 주셨습니다.
보십시오! 싸우는 들판의 위험들로 가장 훌륭한
저의, 가장 소중한 친구를 저는 양보합니다. 비록
여전히 결심한 채 저의 배들에 갇혀 있지만,
파트로클로스가 가고 저는 절반만 뒤에 남습니다."

"오! 그의 보살핌이 당신의 섭리적인 보살핌이
되게 하소서. 그의 심장을 확고하게 하고 그의 팔을

전쟁을 위해 긴장시키소서. 그의 단독적인 힘에 압박받아 헥토르가 보게 하십시오. 그의 무기들 속에서의 명성이 모두 저에게 빚진 것이 아니라는 것을 말입니다. 그러나 함대들이 적들과 불로부터 구원되었을 때, 그가 정복과 명성으로 물러나게 하소서. 그의 무기들을 보존하고 그의 사회적인 무리를 보존하소서. 그리고 그를 이 눈들로 다시 안전하게 돌려보내 주소서!"

위대한 제우스는 족장의 요청의 절반에 동의했지만, 하늘의 영원한 운명은 나머지를 거부했다. 함대를 해방시키는 것은 그의 기도에 허락되었지만, 그의 안전한 귀환은 바람들이 공기 속으로 흩뿌렸다. 그의 천막으로 엄격한 아킬레우스는 날아갔고, 참을성 없는 눈들로 싸움을 기다렸다.

그동안 파트로클로스의 보살핌 아래의 군대들은 트로이인들을 침범하고 전쟁을 시작했다.

마치 아이들이 그들의 놀이 속에서 도발한 말벌들처럼, 넓은 고속도로 옆에 있는 그들의 거처들로부터 쏟아져 나오는 것과 같았다. 떼를 지어 죄 없는 여행자에게 달려들고, 그들의 모든 침들을 날카롭게 하고 그들의 모든 분노를 불러일으켰다. 모두 무기들 속에서 일어났고, 일반적인 외침과 함께, 그들의 밀랍 돔들과 윙윙거리는 자손들을 주장했다.

이렇게 천막들로부터 열렬한 군단이 떼를 지어 나왔다. 그들의 소음들은 그토록 시끄러웠고 그들의 무기들은 그토록 날카로웠다. 그들의 솟아오르는 분노에 파트로클로스의 숨결이 영감을 불어넣었고, 그는 이렇게 영웅적인 불꽃들로 그들을 불태웠다.

"오, 용사들이여! 아킬레우스의 찬사의 동반자들이여! 고대 날들 속에서 그대들의 행동들을 명심하십시오. 그대들의 신과 같은 주인님을 그대들의 행동들로 선포하고, 그리고 그의 강력한 이름에 새로운 영광들을 더하십시오. 그대들의 아킬레우스가 그대들이 싸우는 것을 본다고 생각하십시오! 용감하십시오, 그리고 그대들이 구원하는 오만한 군주를 낮추십시오."

'개추'하게 기쁘게 그들은 들었고, 그가 말하는 동안 불타올라, 불과 연기 속에 싸여 함대로 날아갔다. 해변에서 해변으로 두 배로 커지는 함성들이 반향했고, 속이 빈 배들은 더 깊은 소리를 되돌려주었다.

전쟁은 멈췄고, 주위의 모든 사람들이 응시했다.

위대한 아킬레우스의 빛나는 갑옷이 불꽃을
일으켰을 때, 트로이는 보았고, 무서운
아킬레우스가 가까이 있다고 생각했고, 한 번에
그들은 보고, 떨고, 달아났다.

 그런 다음 먼저 파트로클로스의 창이 날아갔다.
전쟁이 격노하고 소동이 커지는 곳에. 유명한 그
배의 선미에 가까이, 불행한 프로테실라오스가
일리온의 해변으로 나른 그 배에, 위대한
페오니아인, 대담한 퓌레크메스가 서 있었다.
(그는 아크시우스의 구불구불한 홍수로부터 그의
부대들을 이끌었다.) 그의 어깨뼈는 치명적인
상처를 받았고, 신음하는 용사는 땅 위에서
헐떡였다. 그들의 나라의 영광이 죽임을 당하는
것을 본 그의 군대들은, 멀리 떨어진 평원 위로
흩어져 다양하게 날아갔다.

파트로클로스의 팔이 퍼지는 불들을 금했고, 절반이 불타버린 배로부터 오만한 트로이는 물러났다. 연기에서 깨끗해진 즐거운 해군은 누워 있었고, 더미들 위에 더미들로 적이 소동스럽게 날아갔다. 승리한 그리스는 구원된 갑판들에 올랐고, 시끄러운 환호가 별이 박힌 영역을 찢었다.

  마치 두꺼운 구름들이 산의 머리를 감싸고, 하늘의 넓은 공간 위로 하나의 검은 천장처럼 펼쳐질 때와 같았다. 갑자기 벼락을 던지는 신이 번쩍이는 광선으로 어둠을 뚫고 낮을 내려보냈다. 언덕들은 빛나고 바위들은 풍경 속에 솟아오르고, 그리고 흐름들 그리고 계곡들 그리고 숲들이 눈들을 때렸다. 그 미소 짓는 장면은 넓게 시야에 열렸고, 그리고 모든 헤아릴 수 없는 하늘이 빛으로 불꽃을 일으켰다. 이거 완전 레게노네!

그러나 트로이는 격퇴당했고, 평원 위로 흩어졌으며, 해군력에서 강요받았지만 여전히 싸움을 유지했다. 이제 모든 그리스인들이 어떤 적대적인 영웅을 죽였지만, 여전히 맨 앞에 대담한 파트로클로스는 날아갔다.

아레일뤼쿠스가 그를 돌았을 때, 그의 넓적다리에서 날카로운 꿰뚫는 상처를 그는 느꼈다. 힘으로 던져진 놋쇠 끝의 창은, 넓적다리를 꿰뚫고 부서지기 쉬운 뼈를 부쉈다. 그는 머리부터 쓰러졌다. 다음으로 토아스여, 그대의 우연이! 무장하지 않은 가슴은 스파르타인의 창을 받았다.

퓔리데스의 다트―암피두스가 가까이 다가올 때―는 그의 타격을 막았고, 그리고 그의 넓적다리를 꿰뚫었으며, 모든 살을 찢고 신경들을 뜯어냈다. 어둠 속에 그리고 죽음 속에 용사는 누워 있었다.

 동등한 무기들 속에 네스토르의 두 아들들이 서 있었고, 뤼키아인 부대의 두 명의 대담한 형제들이 있었다. 위대한 안틸로쿠스에 의해 아튀미니우스가 죽었다. 옆구리에 꿰뚫린 한탄스러운 젊은이, 그는 누워 있다. 친절한 마리스는 그의 형제의 상처 속에서 피 흘리며, 숨 막히는 시신을 땅 위에서 방어했다. 격렬하게 그는 그의 살인자와 싸우기 위해 날아갔다. 그러나 신과 같은 트라쉬메데스가 그의 분노를 막았고, 그의 팔과 어깨 사이에 타격을 겨냥했다. 그의 팔은 아래의 먼지 위로 솟구치며 떨어졌고, 그는 가라앉았다. 끝없는 어둠으로 덮여, 그리고 뿜어져 나오는 피와 함께 그의 영혼을 쏟아냈다. 두 형제에게 죽임을 당해 이렇게 두 형제들이 피 흘렸으니, 사르페돈의 친구들, 아미소다루스의 씨앗들이었다. 아미소다루스는 격렬한 여신들에게 이끌려, 인간들의 재앙인 혐오스러운 키마이라를 낳았다. 다트에 능숙했지만 헛되이 그의 아들들은 소멸했고, 그들의 죄 있는 아버지의 몰수를 지불했다. 이생망!

소동 속에서 멈춰 선 클레오불루스가 오일레우스의 팔 아래에서 살아있는 전리품으로 누워 있었다. 살아있는 전리품으로 오래도록 그 트로이인은 서 있지 못했다. 목마른 초승달 모양의 검이 그의 김이 나는 피를 마셨다. 그의 목구멍에 박힌 연기 나는 무기가 놓였고, 검은 죽음과 무자비한 운명이 그의 눈들을 봉했다.

줄들 한가운데에서 명성에 대한 상호간의 갈증으로, 용감한 뤼콘과 맹렬한 페넬레우스가 왔다. 그들의 투창들은 서로에게 헛되이 날아갔고, 이제 무기들 속에서 만나 그들의 열렬한 검들을 뽑았다. 그의 보이오티아인 적의 깃털 장식된 투구에 대담한 뤼콘이 고귀한 타격을 겨냥했다. 그 검은 짧게 부러졌다. 그러나 그의 것— 페넬레우스가 재촉한 것—은 그의 목과 머리의 연결점에 정통으로 박혔다. 그 머리는 그토록 정당한 타격으로 나뉘어, 피부에 매달려 있었다. 몸통은 먼지로 가라앉았다. 웃안웃!

네아이마스는 메리온에게 따라잡혀 피 흘렸으니, 그가 그의 말에 오르는 동안 어깨를 통해 꿰뚫렸다. 그는 전차에서 뒤로 땅에 떨어졌고, 그의 흔들리는 눈들은 영원한 그늘들을 둘러쌌다.

다음으로 에뤼마스가 그의 운명을 느끼도록 운명 지어졌으니, 그의 열린 입이 크레타인의 강철을 받았다. 뇌 아래로 그 끝이 통로를 찢었고, 얇은 뼈들을 부수고 이빨들을 피 속에 익사시켰다. 그의 입, 그의 눈들, 그의 콧구멍들이 홍수를 쏟아냈고, 그는 피의 솟구침 속에서 그의 영혼을 흐느껴 보냈다.

마치 목동에게 방치된 양 떼들처럼, 혹은 새끼 염소들이나 어린 양들이 평원 위로 흩어져 누워 있을 때처럼, 늑대들의 무리가 경계 없는 짐을 살피고, 두려움에 떨며 저항할 수 없는 먹이를 찢는 것과 같았다. 그렇게 적에게 그리스인들이 격렬하게 다가왔고, 트로이는 달아났으며 그녀의 이전 명성을 생각하지 않았다.

그러나 여전히 헥토르에게 신과 같은 아이아스는 겨냥했고, 여전히 그의 가슴을 향해 그의 투창은 불꽃을 일으켰다. 들판에서 경험 많은

트로이 족장은, 그의 넓은 어깨들 위로 그 무거운
방패를 펼치고, 그리스인들이 쏟아내는 다트들의
폭풍을 관찰하고, 그의 방패 위로 울리는 소나기를
잡았다. 그는 그리스를 위해 승리의 저울이
솟아오르는 것을 보았지만, 여전히 멈추고
돌아서고 그의 사랑하는 동맹들을 구원했다.

　마치 제우스의 손이 폭풍을 형성하고, 구름을
굴려 하늘을 폭풍들로 검게 만들 때처럼, 어두운
들판들 위로 솟아오르는 증기가 날아가고, 태양을
가리고 황금빛 하늘들을 얼룩지게 하는 것과
같았다.

　그렇게 배들로부터 희미한 평원을 따라, 끔찍한
비행과 공포가 트로이 무리를 몰아붙였다. 심지어
헥토르도 달아났다. 무질서의 머리들을 통해 불
같은 말들이 그들의 영주를 강제로 멀리 날랐다.

뒤에는 멀리 그의 트로이인들이 혼란스러워 쓰러지고, 해자 속에 끼워져 하나의 거대한 학살 속에서 멍들었다. 전차들이 전차들 위로 굴러갔다. 쨍그랑거리는 바퀴살들이 충돌하고 미쳐버린 말들이 그들의 멍에들을 짧게 부쉈다. 헛되이 그들은 가파른 언덕 위로 노고했다. 그들의 마부들은 땅 위에서 거품을 내며 누워 있었다.

맹렬하게 후방에 함성들과 함께 파트로클로스가 날아갔다. 소란스러운 소음이 들판과 하늘들을 채웠다. 두꺼운 먼지 더미들이 그들의 빠른 비행을 감쌌고, 구름들이 구름들 위로 솟아오르고 하늘은 시야에서 채여갔다. 겁에 질린 말들은 그들의 죽어가는 영주들을 던져버리고, 들판들을 샅샅이 뒤지고 도시로 도달하기 위해 몸을 뻗었다.

쫓겨난 자들 위로 크게 승리자의 외침이

들렸으니, 전쟁이 피 흘리고 가장 두껍게 죽어가는 곳에서, 말과 무기 그리고 전차들이 전복되어 누워 있었고, 피 흘리는 영웅들이 차축들 아래에서 신음했다. 어떤 멈춤도, 어떤 제지도 펠레우스의 말들은 알지 못했다. 강둑에서 강둑으로 불멸의 말들이 날아갔다. 해자 위로 높이 튀어 오르고 맴도는 전차는 줄들을 통해 연기를 내고 날아가는 전쟁을 따라잡았고, 헥토르를 뒤쫓아 천둥을 쳤다. 헥토르는 달아났고 파트로클로스는 그의 창을 흔들었지만, 운명은 허락하지 않았다.

  소음과 함께, 덜 격렬한 힘으로 트로이인들의 조수는 그들의 필사적인 길을 재촉하지 않았다. 마치 가을에 제우스가 그의 분노를 쏟아내고, 땅이 끊임없는 소나기들로 짐 실릴 때처럼. (죄 있는 필멸의 존재들이 영원한 법들을 어길 때, 혹은 뇌물

받은 재판관들이 정당한 대의를 배신할 때.) 그의 깊은 침대들로부터 강들이 솟아나도록 그는 명령하고, 하늘들의 모든 수문들을 열었다. 격렬한 급류들이 그들의 언덕들로부터 복종하고, 온 들판들이 물에 잠기고 산들이 휩쓸려갔다. 시끄럽게 홍수가 포효하고 그것이 바다를 만날 때까지, 떠는 인간은 그의 모든 노고들이 헛되다는 것을 보았다. '이생망' 같은 절망적인 광경이었다.

  이제 족장은 가장 앞선 부대들이 격퇴당했으므로 배들을 몰아 그의 예정된 행로를 향했고, 그의 저항할 수 없는 길에서 트로이의 절반을 쓰러뜨리고, 쫓겨난 군사들이 줄을 서도록 강요당했다. 은빛 시모이스 강이 흐르는 공간 사이에서, 함대들이 누워 있었고 그리고 성벽들이 솟아났던 곳에, 모두 먼지와 피 속에 무시무시한 파트로클로스는 섰고, 그 정복하는 부대들 위로 학살을 돌려놓았다.

먼저 프로노우스가 그의 불 같은 다트 아래에서 죽었으니, 그것은 방패 아래의 그의 용맹한 심장을 꿰뚫었다.

테스토르가 다음이었으니, 족장이 나타나는 것을 보았고, 그의 비겁한 두려움의 희생물이 되어 쓰러졌다. 몸을 움츠린 채 그는 앉았고, 야생적이고 야윈 눈으로, 싸우기 위해 서지도 않았고 달아날 힘도 없었다. 파트로클로스는 그가 전쟁을 피하는 것을 주목했고, 남자답지 못한 떨림들로 전차를 흔들었고, 흐르는 고삐들을 떨어뜨렸다. 그를 턱 사이에 투창이 박혔고, 전차로부터 그를 잡아당겼다.

다음으로 에뤼알루스에게로 그는 날아갔다.

바위처럼 큰 한 돌이, 그의 분노에 의해 던져졌다.
그의 왕관에 정통으로 무거운 파편이 날아갔고,
투구를 부수고 머리를 둘로 쪼갰다. 땅 위로
머리부터 그 숨 막히는 용사는 쓰러졌고, 죽음은
그를 지옥의 그늘들 속에 감쌌다.

그런 다음 먼지 속에 에팔테스, 에키우스가 누워
있었다. 이페아스, 에우윕푸스, 폴리멜루스가
죽었다. 암포테루스와 에뤼마스가 뒤따랐고,
마지막으로 틀레폴레무스와 퓌레스가 피 흘렸다.
그가 움직이는 곳마다 성장하는 학살들이 퍼지고,
더미들 위에 더미들로 죽은 이들의 기념물을
세웠다.

이제 사르페돈이 그의 용감한 친구들이 먼지
속에 웅크리고 들판에서 헐떡이는 것을 보았을 때,
이 비난으로 그의 달아나는 군대를 그는 독려했다.

"오, 명성에 대한 오점이여! 오, 무기들에 대한 불명예여! 영광 없이 다투는 평원을 버리십시오! 이 손은 도움 없이 전쟁을 지탱할 것입니다. 이 영웅의 힘을 시험하는 임무는 저의 것이 되게 하십시오. 그는 온 군대들을 베어 넘어뜨리고 한 군대를 달아나게 합니다."

그는 말했다. 그리고 말하며 전차에서 뛰어내렸다. 파트로클로스는 내리고 엄하게 전쟁을 기다렸다.

마치 두 마리의 독수리들이 산의 높이에서 반대로 향하며 싸움으로 몸을 숙일 때처럼, 그들은 주먹질하고 찢고 비명 지르는 외침을 올렸다. 사막이 메아리치고 바위들이 대답했다. 이렇게 무기들 속에 맞선 용사들이 동등한 소란들과 동등한 분노로 싸웠다.

제우스는 싸움을 내려다보았다. 그의 결과가 미리 보였으니, 그는 그의 누이와 그의 여왕에게 이렇게 말을 걸었다.

"시간이 다가옵니다. 운명들은 명령합니다. 나의 신과 같은 아들이 프리기아 평원을 누를 것입니다. 이미 죽음의 가장자리에 그는 서 있습니다. 그의 삶은 맹렬한 파트로클로스의 손들에게 빚겼습니다. 부모의 가슴 속에서 무슨 열정들이 다투고 있습니까! 말해 보십시오. 제가 그를 임박한 운명으로부터 낚아채야 합니까? 그리고 그를 모든 전쟁의 위험들과 노고들로부터 멀리 떨어진 뤼키아로 안전하게 보내야 합니까? 혹은 저의 가장 용감한 자손을 그의 운명에게 양보하고, 천상의 피로 들판을 살찌게 해야 합니까?"

그러자 빛나는 눈들을 가진 여신이 이렇게

말했다.

"오, 하늘들의 주권자여! 이 말들은 무엇입니까! 필멸의 인간에게 정해진 날짜는 짧습니다. 제우스는 한 명을 위해 좁은 기간을 연장해야 합니까? 그의 종족이 시작되기 전에 그 한계들이 정해졌을지라도 말입니다. 얼마나 많은 신들의 아들들이 죽음으로 운명 지어져 오만한 일리온 앞에서 그들의 숨결을 양도해야 합니까! 만약 당신의 것이 면제되었다면, 위에서 논쟁이 일어났을 것이고, 웅성거리는 힘들이 그들의 편파적인 제우스를 비난했을 겁니다. 그 대담한 족장에게 싸움에서 영광스러운 운명을 주십시오. 그리고 솟아오르는 영혼이 그녀의 비행에 날개를 달았을 때, 당신의 명령으로 잠과 죽음이, 숨 막히는 몸을 그의 고향으로 운반하게 하십시오.

그의 친구들과 백성들은 그의 미래 찬사를 위해, 대리석 무덤과 피라미드를 세울 것이고, 그의 재에 영원한 영예들을 줄 것입니다. 그의 명성 (그것이 죽은 이들이 가질 수 있는 모든 것입니다)은 살 것입니다."

그녀가 말했다. 구름 제작자는 압도되어, 운명에 동의하고 그 운명을 비준했다. 그런 다음 슬픔에 감동하여 우는 하늘들은 모든 치명적인 들판 위로 피의 소나기를 흘렸다. 그 신은 그의 눈들을 평원에서 돌리며, 그의 아들을 한탄했다. 그의 행복한 고향 왕국인 뤼키아 해변들로부터 멀리 떨어진 곳에서 죽임을 당하도록 미리 정해졌기 때문이다.

이제 무기들 속에서 만난 그 전투원들이 나타났다. 각자는 방패를 들고 들어 올린 창의

균형을 잡았다. 강한 파트로클로스의 손에서
투창이 달아났고, 용맹한 트라쉬메데스의
사타구니를 지나갔다. 풀린 신경들은 더 이상 그의
덩치를 지탱하지 못했고, 그는 쓰러지고 쓰러지며
피비린내 나는 평원을 물었다.

 두 개의 소리 내는 다트들을 뤼키아인 지도자가
던졌다. 첫 번째 것은 먼 곳에서 틀린 분노로
날아갔고, 다음 것은 아킬레우스의 필멸의 말을
꿰뚫었다. 테베 종족의 관대한 페다소스에게.
어깨의 관절에 박혀 그는 주위로 비틀거리고,
피비린내 나는 먼지 속에 굴러 미끄러운 땅을 발로
찼다. 그의 갑작스러운 낙마는 얽힌 하네스를
부쉈고, 각 차축은 삐걱거렸고 전차는 흔들렸다.
대담한 아우토메돈이 놀란 말들의 고삐를 풀고
그들의 분노를 억제하기 위해 그의 검으로

흔적들을 나누고 죽어가는 말로부터 번거로운 전차를 해방시켰다. 나머지는 고삐에 복종하며 계속 나아갔다. 전차는 먼지 나는 평원 위로 천천히 굴러갔다.

우뚝 솟은 족장들은 더 맹렬한 싸움을 향해 전진했다. 그리고 먼저 사르페돈이 그의 무거운 창을 휘둘렀으니, 그것은 용사의 어깨 위로 그 길을 취했고, 헛된 공기 속에서 그것의 죽어가는 힘을 썼다.

파트로클로스의 결코 틀리지 않는 다트는 그렇지 않았다. 그의 가슴을 겨냥하여 그것은 치명적인 부분을 꿰뚫었으니, 강한 섬유들이 단단한 심장을 묶는 곳이었다.

그렇게 왕은 쓰러졌고 땅 위로 엎드린 채, 그의 전차 앞에서 그의 신성한 모습을 펼쳐놓았다. 그는 흐르는 피로 더럽혀진 먼지를 움켜쥐었고, 죽음 속에서 창백하게 해변에서 신음하며 누워 있었다.

그 모습은 마치 사자가 어떤 황소의 발들 아래에 누워 있을 때처럼, 무시무시한 야만인은 거품을 내는 턱들로 떠는 사지들을 갈아대고 김이 나는 피를 빨아마셨다. 깊은 신음들과 속이 빈 포효들이 숲을 통해 다시 울렸다.

그런 다음 뤼키아인 부대의 지도자에게 죽어가는 족장이 그의 마지막 명령을 말을 걸었다.

"글라우코스여, 대담하십시오! 그대의 임무는 먼저 파괴적인 전쟁의 영광스러운 위험들을 감행하는 것입니다. 저의 군대들을 이끌고 그들의 머리 위에서 싸우고, 살아 있는 자들을 흥분시키고 죽은 이들을 공급하는 것입니다. 그들에게 말하십시오. 저의 마지막 숨결로 저는 그들에게 사르페돈의 죽음을 복수받지 않은 채로 견디지 말라고 명령했다는 것을 말입니다. 무슨 슬픔, 무슨 수치심을 글라우코스는 겪어야 합니까? 만약 이 약탈당한 무기들이 그리스인 적을 장식한다면 말입니다! 그런 다음 친구로서 그리고 용사로서 싸우십시오. 저의 몸을 방어하고 저의 권리로 정복하십시오. 그리하여 위대한 본보기들에 의해 배웠으므로 모두가 시도할 수 있도록 그대처럼 정복하거나 나처럼 죽는 것을 말입니다."

그는 멈췄다. 운명들은 그의 노고하는 숨결을 억제했고, 그의 눈들은 죽음의 그늘들로 어두워졌다.

모욕하는 승리자는 경멸로 엎드려진 왕자 위로 성큼성큼 걸어 그의 가슴을 밟았다. 그런 다음 헐떡이는 심장에서 무기를 잡아당겼다. 김이 나는 섬유들이 다트에 달라붙었다. 넓은 상처에서 피의 흐름이 솟구쳐 나왔고, 그 영혼은 자주색 홍수 속에서 나왔다. 그의 날아가는 말들을 뮈르미돈인들이 붙잡았으니, 이제 안내자가 없었고 그들의 강력한 주인이 죽임을 당했다.

도움에 완전히 무력한, 슬픔에 꿰뚫린 불행한 글라우코스는 죽어가는 족장의 말을 들었다. 그의 고통스러운 팔은 테우케르의 치명적인 다트에 의해 늦게 가해진 따끔함으로 아직 쓸모가 없었고, 그의 더 나은 손에 지탱되어 그는 섰다. 그런 다음 포이보스에게—그가 할 수 있는 모든 것이었다— 그는 기도했다.

"모든 것을 보는 군주여! 뤼키아의 해안이든 혹은 성스러운 일리온이든 당신의 밝은 존재가 자랑합니다. 불쌍한 자의 따끔함을 완화시키는 데

똑같이 강력합니다. 오, 저를 들으소서! 모든 치유
예술의 신이시여! 보십시오! 엉겨 붙은 피로
뻣뻣하고 고통으로 꿰뚫린 채 그것은 저의 팔을
쑤시고 모든 저의 정맥들을 통해 쏘아붙입니다.
저는 창을 지탱할 수 없게 서 있고, 영광스러운
전쟁으로부터 멀리서 한숨 쉬고 있습니다. 깊은
먼지 속에 위대한 사르페돈이 누워 있습니다.
제우스도 그의 불행한 자손을 돕는 것을 허락하지
않았습니다. 그러나 당신은 오, 건강의 신이여!
당신의 도움을 빌려주십시오. 저의 학살당한
친구의 유물들을 지키기 위해 말입니다. 왜냐하면
당신은 멀리 떨어져 있지만 저의 힘을 회복시킬 수
있으니, 저의 뤼키아인들을 이끌고 싸움을
뒷받침하기 위해서입니다."

 아폴론은 들었다. 그리고 그가 서 있는 동안

간청하므로, 그의 천상의 손은 피의 흐름을 억제했다. 그는 그 부상당한 부분으로부터 고통들을 뽑아내고, 그의 솟아오르는 심장 속에 영혼을 숨 쉬게 했다. 신성한 예술로 새롭게 된 영웅은 서 있고, 불멸의 손들의 도움을 인정했다.

먼저 싸움으로 그의 고향 군대들을 독려했다. 그런 다음 트로이의 복수심에 찬 무기들을 크게 불렀다. 넓은 걸음들로 그는 장소에서 장소로 성큼성큼 걸었다. 이제 아게노르에게 이제 폴뤼다마스에게 불꽃을 불어넣었다. 아이네이아스 다음으로 그리고 헥토르에게 그는 말을 걸었다. 그들의 모든 군대들의 분노를 이렇게 불태우며 말이다.

"무슨 생각들이 무심한 족장이여! 그대의 가슴을 고용합니까? 오, 트로이의 친구들을 너무나 잊었군요! 그 관대한 친구들—그들은 그들의 나라로부터 멀리 떨어져, 다른 사람의 전쟁 속에서 그들의 용감한 영혼들을 내뿜고 있습니다. 보십시오! 위대한 사르페돈이 먼지 속에 누워 있습니다. 행동에서는 용맹하고 회의에서는 현명했습니다. 그는 정의를 지켰고 그의 백성들을 자유롭게 했으니, 그의 모든 뤼키아인들에게 잃어졌고 그리고 그대에게 잃어버려졌습니다! 파트로클로스의 팔에 의해 저기 평원들 위에 펼쳐져 누워 있으니, 오, 적대적인 분노로부터 그의 사랑하는 잔해들을 구원하십시오! 아, 그리스가 그의 정복된 전리품들을 자랑하지 않게 하십시오. 그리고 그의 시신 위에서 그녀의 잃어버린 영웅들에게 복수하지 않게 하십시오!"

그가 말했다. 각 지도자는 그의 슬픔에 참여했고,

트로이는 그 손실에 그녀의 모든 군단들을 통해 흔들렸다. 깊은 후회에 꿰뚫려 그들은 전복된 것을 보았다. 한 번에 그의 나라의 기둥을 그리고 그들 자신의 것을. 한 족장은 트로이를 포위한 성벽들로 이끌었고 영웅들의 군대를 그리고 그들 모두를 능가했다.

그들은 불타올라 돌진했다. 먼저 헥토르가 적들을 찾고, 우월한 복수심으로 위대하게 불타올랐다. 그러나 죽은 이 위로 맹렬한 파트로클로스가 서 있었고, 아이아스를 깨우고 경청하는 부대들을 깨웠다.

"영웅들이여, 남자들이 되십시오! 그대들이 전에 무엇이었는지 되십시오. 혹은 위대한 기회를 무게를 달고 더 많이 되십시오. 우리의 높은 성벽들을 굴복하게 했던 그 족장은, 들판에 펼쳐진 채 죽음 속에서 창백하게 누워 있습니다. 그의 몸을 지키기 위해 트로이는 수많은 이들로 날아옵니다. 우리의 전리품을 유지하는 것은 영광의 절반입니다. 서둘러 그의 무기들을 벗기고 그 주위에 학살을 퍼뜨리십시오. 그리고 살아있는 뤼키아인들을 죽은 이들에게 보내십시오."

 영웅들은 그의 맹렬한 명령에 불타올랐고, 호전적인 부대들은 양쪽에서 합류했다. 여기는 트로이와 뤼키아가 시끄러운 경보들로 공격했고, 거기는 테살리아와 그리고 그리스가 그들의 무기들에 맞섰다. 끔찍한 함성들과 함께 그들은 죽은 이 주위를 둘러쌌고, 갑옷의 쨍그랑거리는 소리가 모든 평원 위로 울렸다. 도파민 파티가 벌어졌다.

 위대한 제우스는 싸움의 공포들을 부풀리기

위해, 맹렬한 군대들 위로 해로운 밤을 쏟아내고, 그의 아들 주위로 싸우는 군대들을 혼란스럽게 했다. 죽은 이들의 군중으로 그의 운명을 고귀하게 했다.

이제 그리스는 길을 양보했고, 위대한 에피게우스가 쓰러졌다. 부디움의 높은 성벽들로부터의 아글레우스의 아들이었다. 그는 살인 때문에 거기서 쫓겨나 펠레우스에게 간청자로서 왔고, 은빛 발의 여인에게 왔다. 이제 트로이로 보내져 아킬레우스의 무기들을 돕기 위해, 그는 그의 친족의 그림자에 마땅한 복수를 지불했다.

그의 불운한 손이 죽은 이를 만지자마자, 바위의 큰 조각이 그의 머리 위로 천둥을 치며 떨어졌다. 헥토르의 힘에 의해 던져진 그것은 그의 산산조각

난 투구를 둘로 쪼개고 그를 죽은 이들 위로
펼쳐놓았다.
 싸움의 전선으로 맹렬한 파트로클로스가 왔고,
그의 사냥감을 향해 다트를 던지는 독수리처럼,
트로이인과 뤼키아인 부대를 향해 뛰어올랐다.
무슨 슬픔이 너의 심장을, 무슨 분노가 너의 손을
재촉했는가, 오 관대한 그리스인아! 완전한 힘으로
던져진, 스테넬라우스에게로 무거운 돌이
날아갔을 때, 그것은 그를 죽은 이들에게 가라앉게
했다. 그때 트로이는 그 팔에 너무 가까이, 뒤로
물러났고 그리고 헥토르는 두려워하는 것을
배웠다.
 능숙한 손이 창을 던질 수 있는 만큼 멀리, 혹은
경기장에서 혹은 싸우는 적에게, 그만큼
트로이인들은 그들의 줄들로부터 물러났다.

글라우코스가 돌아서 나머지 모든 이들에게
영감을 불어넣을 때까지.

 그런 다음 바튀클레스가 그의 분노 아래에서
쓰러졌다. 칼콘의 떨리는 나이의 유일한
희망이었다. 넓은 땅 위로 그의 넓은 영토가 펼쳐져
있었고, 웅장한 자리들과 헛되이 축복받은 부를
자랑했다. 그를 젊음으로 대담하고 날아가는
뤼키아인들을 추격하기 위해 열렬했던 그를,
글라우코스가 만나고 죽였다. 가슴을 통해
갑작스러운 상처로 꿰뚫려, 그는 쓰러지고
쓰러지며 들판들을 반향하게 했다.

 아카이아인들은 그들의 죽은 영웅들을 위해
슬퍼했고, 정복하는 함성들로 트로이인들은
평원을 흔들었다. 그리고 죽은 이들을 약탈하기
위해 몰려들었다. 그리스인들이 맞섰다. 철의 원이

시신 주위로 성장했다.

그런 다음 용감한 라오고노스는 그의 숨을 양도했으니, 메리온에 의해 죽음의 그림자들로 급파되었다. 이다 산의 성스러운 언덕에서 그는 거처를 만들었고, 제우스의 사제 그리고 그의 신처럼 존경받았다. 턱과 귀 사이에 그 투창이 갔고, 숨을 내뿜으며 영혼은 환기구에서 나왔다.

그의 창을 아이네이아스가 승리자에게 던졌지만, 그는 앞으로 몸을 숙여 죽음으로부터 물러났다. 그 창은 그의 덮는 방패 위로 해롭지 않게 쉿 소리를 냈고, 떨며 박히고 들판에 뿌리 박혔다. 아직도 겨우 소진되지 않은 채 그것은 평원 위에서 떨렸으니, 위대한 아이네이아스의 팔에 의해 헛되이 보내졌다.

"그대가 아무리 빠를지라도," 격노하는 영웅이

외쳤다. "그리고 전리품을 다투기 위해 춤추는 데 능숙할지라도, 저의 창은 예정된 통로를 찾았더라면, 그대의 활동적인 활력을 땅에 고정시켰을 것입니다."

"오, 친구여!" 메노이티우스의 아들이 이 대답을 주었다. "말로 싸우는 것은 용감한 자들에게 잘 어울리지 않습니다. 헛된 허풍들이 트로이의 아들들을 물리치지 못합니다. 그대들의 검들은 그들을 지옥의 그림자들로 박아야 합니다. 말하는 것은 회의에 어울리고, 그러나 영광스러운 행동에서 대담한 것은 전쟁의 임무입니다."

이것을 말하고 파트로클로스는 전투로 날아갔다. 위대한 메리온이 뒤따랐고 새로운 함성들이 솟아올랐다. 방패들, 투구들이 쨍그랑거리고 용사들이 가까이 닫혔다. 그리고 두껍고 무거운 타격들의 폭풍이 소리를 냈다.

마치 날카로운 계곡을 통해 혹은 산의 땅을 통해 나무꾼의 도끼 소리가 반향할 때처럼, 타격들이 타격들을 따라 넓게 메아리쳤다. 타닥거리는 숲들이 모든 면에서 쓰러지는 동안, 이렇게 모든 들판들이 시끄러운 경보들로 메아리쳤고, 그렇게 용사들이 쓰러지고 그렇게 그들의 무기들이 울렸다.

이제 위대한 사르페돈은 모래 해변에, 그의 천상의 모습은 먼지와 피로 훼손되고, 전쟁하는 영웅들이 뿌린 다트들로 박혀, 천박한 죽은 이들과 구별되지 않게 누워 있었다. 오랫동안 다투어졌던 그의 시신을 족장들이 둘러쌌고, 모든 면에서 바쁜 싸움이 성장했다.

사르페돈의 시신을 놓고 그리스인과 트로이인이

서로 물고 물리는 치열한 공방을 펼쳤다.

  제우스는 엄격한 조사로 싸움을 내려다보았고, 참을 수 없는 낯을 섬광으로 내뿜는 눈들로. 들판에 고정된 그의 시야를, 그의 가슴은 마땅한 복수를 논의하고 운명들을 숙고했다. 그들의 신속한 효과를 재촉하고 헥토르의 힘을 파트로클로스의 몰락으로 부를지, 이 순간 그의 짧은 삶의 전리품들이 얻어지는 것을 보고, 그를 그의 학살당한 아들 위로 숨 막히게 펼쳐놓을지, 혹은 아직 많은 영혼들의 때아닌 비행으로, 싸움의 명성과 공포를 증대시킬지.

  아킬레우스의 용맹한 친구에게 찬사를 씌우기로 마침내 그는 결정했고, 그의 마지막 날들이 영광 속에서 지기를 명령하고 그에게 적을 몰아붙이라고 했다. 그리고 그림자들을 아래에서 보지 않고도 동반되게 했다.

 그런 다음 그는 헥토르의 마음을 끔찍한 당혹감으로 채웠고, 그는 그의 전차에 오르고 그의 군대들을 멀리 불렀다. 트로이의 무거운 운명들로 가라앉아 그는 제우스의 저울들이 기울어지는 것을 보고 신성한 경외심으로 헐떡였다.

 그런 다음 혹은 그 전에는 아니었지만 강인한 뤼키아인들이 달아났고, 그들의 군주를 평범한 죽은 이들과 함께 남겨두었다. 주위에 더미들 위에 더미들로 무서운 성벽이 학살의 영웅들이 쓰러지는 동안 솟아났다. (제우스가 그렇게 결정했으니!) 마침내 그리스인들이 다투어졌던 전리품을 얻고 죽은 이들을 약탈했다. 빛나는 무기들은 파트로클로스가 날랐고, 파트로클로스의 배들은 영광스러운 전리품들을 장식했다.

버카충한 것처럼 기운이 넘쳤다.

그런 다음 포이보스에게 위의 영역들에서 구름을 모으는 제우스가 그의 왕좌에서 말했다.

"내려가라, 나의 포이보스여! 프리기아 평원에 그리고 싸움으로부터 학살당한 사르페돈을 옮겨라. 그런 다음 그의 몸을 수정 같은 홍수 속에 씻고, 먼지로 더럽혀지고 피로 기형이 된 그를 그의 모든 사지들 위에 암브로시아 향들을 뿌리고, 그리고 천상의 로브들로 죽은 이를 장식하라. 그 의식들이 행해지면, 그의 성스러운 시신을 조용한 잠과 죽음의 부드러운 팔들에 맡겨라. 그들은 그의 친구들에게 그 불멸의 짐을 날라다 줄 것이다. 그의 친구들은 무덤과 피라미드를 세울 것이다. 죽음 후에 필멸의 인간들이 받는 영광을, 그 헛된 영광들을 우리가 줄 수도 있다!"

17

파트로클로스의 최후

사르페돈의 시신을 뤼키아로 운반하는 잠과 죽음

아폴론은 고개를 숙이고 이다 산의 높이에서 재빨리 들판으로 그의 비행을 서둘렀다. 거기서부터 싸움으로부터 숨 막히는 영웅을 날랐다. 구름 속에 가려진 채 은빛 시모이스 강의 해변으로. 거기서 그의 명예로운 상처들을 씻고 그의 강인한 사지들을 불멸의 조끼에 입혔다.

그리고 달콤한 암브로시아 이슬들의 향수들로 그의 신선함을 회복시키고 그의 모습을 새롭게 했다.

그런 다음 잠과 죽음, 날개 달린 종족의 두 쌍둥이, 비길 데 없는 빠름을 가졌지만 발걸음은 조용했던 이들이 사르페돈을 받았다. 신의 명령에 따라, 그리고 한순간에 뤼키아 땅에 도착했다. 그의 우는 친구들 한가운데에 시신을 그들은 놓았고, 거기서 끝없는 영예들이 그 성스러운 그림자를 기다렸다.

그동안 파트로클로스는 평원을 따라 쏟아내고, 거품을 내는 말들과 풀린 고삐들로 트로이인과 뤼키아인 무리에게 맹렬하게 돌진했다. 아, 운명에 눈이 먼 자여! 너의 머리로부터의 분노가 날아갔다. 어떤 운명과 강력한 제우스가 명령하는 것에 맞서,

너의 친구의 명령은 헛되었고 너의 용기는 헛되었다. 왜냐하면 그는 그의 조언들이 통제되지 않는 신은 강력한 자들을 당황하게 하고 대담한 자들을 혼란스럽게 한다고 했기 때문이다. 주는 자, 되찾는 자 그리고 모든 것을 명령하는 신은, 그는 너를 재촉했고 너를 쓰러지게 재촉했다.

누가 먼저 용감한 영웅이여! 그 팔에 의해 살해되었는가? 누가 마지막으로 너의 복수 아래 평원을 눌렀는가? 하늘 그 자체가 너의 치명적인 분노를 이끌고, 죽은 이들의 수를 채우라고 명령했을 때?

아드레스투스가 먼저, 아우토노우스가 다음으로, 에케클레스가 뒤따랐고 다음으로 젊은 메가스가 피 흘렸다. 에피스토르, 멜라니푸스가 땅을 물었고, 엘라소스와 뮬리우스가 학살에 왕관을 씌웠다. 그런 다음 필라르테스가 영원한 밤으로 가라앉았고, 나머지는 흩어지며 그들의 운명을 비행에 맡겼다. 쉽살재빙!

이제 트로이는 그의 비길 데 없는 힘 아래로 고개를 숙였으리. 그러나 불꽃을 일으키는 포이보스가 성스러운 탑을 지켰다. 성벽의 난간에서 파트로클로스는 세 번 내리쳤고, 그의 불타는 아이기스를 아폴론이 세 번 흔들었다. 그는 네 번째를 시도했다. 그때 구름으로부터 터져 나오며, 필멸의 것 이상의 목소리가 크게 들렸다.

"파트로클로스여, 멈추십시오! 이 하늘이 방어하는 성벽은 그대의 창에 도전합니다. 아직 쓰러지도록 운명 지어지지 않았습니다. 그대의 친구, 그대보다 훨씬 위대한 그는 그것에 맞설 것입니다. 트로이는 심지어 아킬레우스의 손에게도 고개를 숙이지 않을 것입니다."

 천상의 불들을 던지는 신이 그렇게 말했다.
그리스인은 그에게 복종하고 경외심으로
물러났다.

 헥토르가 스카이아 문에서 그의 헐떡이는
말들을 억제하는 동안, 그의 가슴속에서 논의했다.
혹은 들판에서 그의 힘들을 사용할지, 혹은
트로이의 성벽들 안으로 군대들을 끌어들일지.

 이렇게 그가 생각하는 동안, 그의 옆에
포이보스가 섰고, 상가르의 홍수 옆에서 통치했던
아시우스의 모습으로 나타났다. (헥토르의 형제
헤카베여, 뒤마스로부터 태어난, 용맹한 용사,
오만하고 대담하고 젊은 그였다.) 이렇게 그는
그에게 말을 걸었다. "이 얼마나 수치스러운
광경인가! 신이여! 싸움을 삼가는 것이

헥토르인가? 너의 활력이 저의 것이었다면 이 성공적인 창이 그토록 거짓된 두려움을 너에게 곧 확신시켰을 것이다. 돌아서라! 아, 너는 명성의 들판으로 돌아가라, 그리고 파트로클로스의 피 속에 너의 수치심을 지워라. 어쩌면 아폴론가 너의 무기들에 성공을 줄지도 모른다, 그리고 하늘은 그가 너의 창에 의해 피 흘리도록 명령하네."

그 영감을 주는 신은 그렇게 말했고, 그런 다음 그의 비행을 취하고, 싸움의 소동 한가운데로 뛰어들었다.

그는 케브리온에게 빠른 전차를 몰라고 명령했다. 채찍 소리가 반향하고 말들은 전쟁으로 돌진했다. 그 신은 그리스인들의 가라앉는 영혼들을 억누르고, 각 트로이 가슴을 통해 빠른 정신들을 쏟아냈다.

파트로클로스는 내리고 싸움을 위해 참을성이 없었다. 한 창이 그의 왼손에, 한 돌이 그의 오른손에. 그의 모든 신경들로 그는 그것을 적에게 몰아붙였다. 위에는 뾰족하고 아래는 거칠고 굵은 쓰러지는 폐허가 케브리온의 머리를 으꼈다. 프리아모스 왕의 침대의 무법적인 자손을. 그의 이마, 눈썹, 눈들은 하나의 구별되지 않는 상처였다. 터지는 눈알들이 시력 없이 땅에 떨어졌다. 마부는 그가 아직 고삐를 잡고 있는 동안, 전차에서 맞고 평원에 머리부터 쓰러졌다. 어두운 그림자들로 영혼은 내키지 않게 미끄러지고, 그 오만한 승리자는 그의 몰락을 이렇게 조롱했다.

  "오, 하느님! 저기 저 예술가는 어떤 활동적인 재주들을 보여주는가! 우리의 프리기아인 적들은 얼마나 숙련된 다이버들인가! 그들이 모래 속으로 얼마나 쉽게 가라앉는지 보십시오! 그들의 모든 연습이 땅 위에서라는 것이 웃안웃이다!"

그런 다음 그의 엎드려진 전리품에게 갑자기 돌진하여, 시신을 약탈하기 위해 맹렬한 파트로클로스는 날아갔다. 사자처럼 빠르게, 무섭고 대담하게 들판을 휩쓸고 우리를 황폐하게 하는 그가, 대담한 심장을 통해 꿰뚫려 그런 다음 죽임을 당해 쓰러지고, 그의 치명적인 용기로 그의 재앙을 찾았다.

대담한 헥토르는 한 번에 그의 전차에서 뛰어내려, 몸을 방어하고 전쟁을 도발했다.

엄격한 헥토르는 용사의 머리를 단단히 붙잡고, 발로 파트로클로스가 죽은 이를 끌어당겼다. 한편 주위의 모든 곳에서 혼란, 분노 그리고 공포가,

서로 싸우는 군대들을 치명적인 싸움에 섞었다.
 마치 산들로 갇힌 거친 바람들이 어떤 음울한
숲의 깊은 가슴 속에서 포효할 때처럼, 잎들,
무기들 그리고 나무들이 공중으로 높이 날려가고,
넓은 떡갈나무들이 삐걱거리고 숲의 신들은
신음했다. 이리저리 덜컹거리는 덤불이
구부러지고, 전체 숲이 하나의 충돌 속에서
내려앉았다.
 덜 소음과 함께, 덜 소란스러운 분노와 함께,
무서운 충돌 속에서 섞인 군대들이 싸움에
참여하지 않았다. 다트들이 다트들 위에 비처럼
내리고 이제 시신 주위로 울렸다. 이제
활시위로부터 튀어 오르는 화살들의 비행이
노래했다. 돌들이 돌들을 따르고 어떤 것들은
들판에서 덜컹거리고, 어떤 것들은 단단하고

무겁게 소리 내는 방패들을 흔들었다.

그러나 솟아오르는 회오리바람이 평원들을 구름으로 덮는 곳에, 부드러운 먼지 속에 그 강력한 족장은 가라앉아 남아 있었다. 그리고 죽음 속에서 펼쳐져 지휘하는 고삐들을 잊었다!

이제 천공의 정점에서 불꽃을 일으키며 태양은 그의 열렬한 구체를 하늘의 절반을 통해 몰아붙였다. 한편 각 군대 위로 동등한 폭풍들이 떨어졌다. 소나기처럼 내리는 다트들과 수많은 이들이 지옥으로 가라앉았다. 그러나 그의 저녁 바퀴들이 바다 위에 걸렸을 때, 기쁜 정복은 그리스 군대 위에 쉬었다. 꿀잼이었다.

그런 다음 소동과 경보들 한가운데에서, 그들은 정복된 시신과 빛나는 무기들을 끌어냈다.

그런 다음 무모한 파트로클로스는 새로운

분노로 불타오르고, 학살을 숨 쉬며 적들 한가운데로 쏟아냈다. 세 번 압박 위로 아레스 자신처럼 그는 날아갔고, 각 공격에서 세 명의 영웅들을 죽였다.

"거기서 너의 영광은 끝난다! 거기서 운명들은 그토록 밝은 혈통의 마지막 검은 잔해를 풀어놓는다. 무시무시한 아폴론이 너의 길 한가운데에 멈춰 세운다. 죽음이 부르고 하늘은 더 이상 낮을 허용하지 않는다!"

왜냐하면 그 신은 희미한 구름들 속에 감싸여, 다가와 뒤에서 비틀거리는 타격을 가했기 때문이다. 무거운 충격은 그의 목과 어깨들을 느끼게 했다. 그의 눈들은 불꽃들을 섬광으로 내뿜고 그의 멍한 감각들은 비틀거렸다. 현기증 나는 어둠 속에서 멀리 던져져 그의 튀어 오르는 투구가 들판에서 울렸다. 아킬레우스의 깃털 장식 투구는 먼지와 피로 더럽혀졌다. 그 깃털은 결코 전에 땅에 고개를 숙이지 않았었다. 오랫동안 만져지지 않은 채 싸우는 들판들에서 빛나곤 했으니, 그리고 그 미친 신의 관자놀이들을 그늘지게 했었다. 제우스는 이제 그것이 헥토르의 투구 위에서 끄덕이도록 운명 지었다. 오래지 않으리, 운명이 그를 추격하고 신도 마찬가지니.

그의 창은 산산조각 나 쓰러지고 그의 넓은 방패는 그의 팔에서 떨어졌다. 그의 칼 띠는 들판을 흩뿌렸다. 흉갑은 그의 놀란 가슴을 버렸다. 각 관절은 느슨해지고 각 신경은 공포로 흔들렸다. 그는 멍하게 응시하고 완전히 무력하게 서 있었다. 그런 것이 필멸의 것 이상의 손들의 힘이다!

트로이의 젊은이 하나가 있었으니, 명성으로 잘

알려진 판투스로부터 나온 에우포르보스가 그의
이름이었다. 거품을 내는 말을 다루는 데 유명하고,
다트에 능숙하고 경주에서 비길 데 없었다. 완전한
스무 명의 기사들을 그는 전차에서 던져버렸으니,
그가 아직 그의 전쟁의 기초들을 배우는
동안이었다. 그의 모험적인 창이 먼저 영웅의 피를
흘렸다. 그는 찔렀고 상처 입혔지만 더 이상 감히
하지 않았다. 어쩔티비?

무장 해제되었지만 파트로클로스의 분노는
멈추지 않았다. 그러나 그는 길게 내민 나무를
재빨리 철수시켰다. 그리고 그를 짧게 돌리고 군중
속으로 몰아넣었다. 이렇게 신성한 팔과 필멸의
창에 의해 상처 입은, 한 번에 파트로클로스는
두려움에 굴복하고, 그의 사회적인 무리에게
구원을 위해 물러나고, 하늘이 명령한 운명을

헛되이 날아갔다.

엄격한 헥토르는 그 피 흘리는 족장을 보았을 때, 줄들을 통해 돌파하고 그의 후퇴를 추격했다. 창은 치명적인 상처로 그를 체포했다. 그는 쓰러지고 땅은 천둥을 치고 그의 무기들은 반향했다. 그와 함께 모든 그리스가 가라앉았다. 그 순간 아직 살아남은 영웅들은 쓰러지는 것처럼 보였다.

파트로클로스는 이렇게 그 많은 족장들을 전복시키고, 그렇게 많은 삶들을 흘려보내고 그 자신의 것이 소멸했다.

이제 헥토르의 발들 옆에 죽어 누워 있는 그를, 그는 엄하게 보고 의기양양하게 외쳤다.

"거기 누워 있으십시오, 파트로클로스여! 그리고 그대와 함께 그대의 오만함이 한때 약속했던 트로이를 전복시키는 기쁨도 말입니다. 불꽃 속에 감싸인 일리온의 상상 속의 장면들, 그리고 포로가 된 여인들에게 봉사받는 그대의 부드러운 즐거움들도 말입니다. 생각 없는 인간이여! 저는 그 탑들을 해방시키기 위해 싸웠고, 그대와 같은 영주들로부터 그 아름다운 종족을 지키기 위해 싸웠습니다. 그러나 그대는 독수리들의 먹이가 될 것입니다. 그대 자신의 아킬레우스는 그대에게 도움을 빌려줄 수 없습니다. 비록 헤어질 때 그 위대한 족장이 많이 말하고, 그대에게 오늘 이 중요한 날에 많이 명령했더라도 말입니다. '돌아오지 마라, 나의 용감한 친구여,' 아마도 그는 말했을 것입니다. '죽은 헥토르의 피비린내 나는 무기들 없이는 말이다.' 그는 말했습니다. 파트로클로스는 행진했고 이렇게 성공했습니다."

똑바로 누워 야생적으로 하늘들을 응시하며, 희미하고 소멸하는 숨결로 족장은 대답했다.

"헛된 허풍선이여! 멈추십시오. 그리고 신성한 힘들을 아십시오! 제우스와 아폴론의 것이 이 행동이지 그대의 것이 아닙니다. 하늘에 그대의 것이라고 그대가 부르는 모든 것이 빚졌고, 하늘 그 자체가 저의 몰락 전에 저를 무장 해제시켰습니다. 만약 힘에서 그대와 동등한 스무 명의 필멸의 인간들이 저에게 공정하게 맞섰다면 그들은 싸움에서 가라앉았을 것입니다. 운명과 포이보스에 의해 저는 먼저 전복되었고, 다음으로 에우포르보스가, 세 번째의 비열한 부분은 그대의 것입니다."

"그러나 그대, 오만한 자여! 저의 마지막 숨결을 들으십시오. 신들이 그것에 영감을 불어넣고 그것은 그대의 죽음을 소리냅니다. 모욕하는 인간이여! 그대는 곧 저와 같을 것입니다. 검은 운명이 그대에게 걸려 있고 그대의 시간이 가까이 다가왔습니다. 지금 이 순간 저는 삶의 마지막 가장자리에 그대가 서 있는 것을 봅니다. 저는 그대가 쓰러지는 것을 봅니다. 그리고 아킬레우스의 손에 의해서 말입니다."

그는 기절했다. 영혼은 마지못해 그녀의 길에 날개를 달고, (아름다운 몸은 흙의 짐으로 남겨지고) 외롭고 불편한 해안으로 날아갔다. 벌거벗은 방황하는 우울한 유령이 되어!

그런 다음 헥토르는 멈추고 그의 눈들을 창백한 시신 위에 두며 이렇게 죽은 이에게 말을 걸었다.

"어디서부터 이 불길한 연설, 죽음의 엄격한 명령이 저에게 선언되었습니까? 혹은 왜 저에게

선언되었습니까? 왜 아킬레우스의 운명이
헥토르의 창에 주어지지 않았습니까? 누가 하늘의
뜻을 아는 것입니까?"

곰곰이 생각하며 그는 말했다. 그런 다음 그가
누워 있는 동안 압박하여 그의 숨 막히는 가슴,
그가 날랐던 창을 찢어냈다. 그리고 시신을 위로
던졌다. 김이 나는 창을 그는 흔들고 대담한 마부
아우토메돈에게 돌격했다. 그러나 빠른
아우토메돈은 풀린 고삐들로 전차를 타고 먼
평원들을 가로질러 황홀경에 빠졌으니, 그의
분노로부터 멀리 불멸의 말들을 몰아붙였다. 그
불멸의 말들은 제우스의 선물이었다.

파트로클로스의 시신을 위한 첫 번째 전투

파트로클로스가 죽자, 메넬라오스는 그의

시신을 적으로부터 방어했다. 시신을 빼앗으려던 에우포르보스는 단 칼에 죽임을 당했다. 헥토르가 다가오자 메넬라오스는 잠시 물러났지만, 곧 아이아스와 함께 돌아와 헥토르를 몰아냈다. 글라우코스는 이를 헥토르의 도망이라고 비난했다. 헥토르는 이에 파트로클로스에게서 빼앗은 갑옷을 입고 전투를 재개했다.

그리스군이 물러나자 아이아스는 그들을 다시 집결시켰다. 아이네이아스는 트로이군을 지탱했고, 아이네이아스와 헥토르는 아킬레우스의 전차를 빼앗으려 했지만, 아우토메돈이 전차를 몰고 달아났다. 아킬레우스의 말들은 파트로클로스의 죽음을 슬퍼했다. 제우스는 그의 시신을 두꺼운 어둠으로 덮었다. 이때 아이아스의 고귀한 기도가 이어졌다. 메넬라오스는

안틸로쿠스를 아킬레우스에게 보내
파트로클로스의 죽음을 알렸다. 그런 다음
싸움터로 돌아가, 극심한 분노 속에서도
메리오네스와 함께 아이아스 형제의 도움을 받아
시신을 배들로 옮겼다.

　차가운 땅 위, 신성한 파트로클로스는 평범한
죽은 이들 한가운데 상처들에 꿰뚫린 채 누워
펼쳐져 있었다. 위대한 메넬라오스는 관대한
비통함에 감동하여 맨 앞으로 튀어나와 그를
적으로부터 지켰다.

　마치 갓 새끼를 낳은 어미 소가 첫사랑의 풋풋한
설렘처럼 송아지 주변을 맴돌 때처럼, 그녀는
불안하게(시신이 무력하게 벌거벗은 채 누워
있었으므로) 돌아서고 다시 돌아서며 모성애로
시신을 보살폈다. 그는 시신 근처에 다가오는 모든

적에게 맞섰고, 그의 넓은 방패는 희미하게 빛났으며, 그의 창들은 불꽃을 일으켰다.

다트를 던지는 데 능숙한 판투스의 아들 에우포르보스는 죽은 영웅을 눈여겨보고 그의 친구를 모욕했다.

"이 손이 아가멤논이여, 파트로클로스를 쓰러뜨렸습니다. 용사여, 단념하십시오! 동등한 타격을 감히 시도하지 마십시오. 나의 용맹함이 얻은 전리품들을 저에게 양도하십시오. 목숨을 가지고 떠나시고, 그 영광은 나의 것으로 남겨두십시오."

트로이인이 이렇게 말하자, 스파르타 군주 메넬라오스는 관대한 고뇌로 불타 경멸하며 대답했다.

"오, 제우스여! 당신의 우월한 왕좌에서, 필멸의

인간들이 그들 자신의 것이 아닌 용맹함을 자랑할 때 당신은 웃지 않습니까? 사자도 그의 힘을 이렇게 자랑하지 않고, 표범도 싸움에서 그의 점박이 적에게 이렇게 대담하게 맞서지 않습니다. 평원들의 공포인 멧돼지도 이렇게 하지 않아요. 오직 인간만이 그의 힘을 헛되이 허풍 떨고 또 허풍을 떨 뿐입니다. 그러나 허풍을 떠는 종류 중에서 가장 헛된, 이 판투스의 아들들은 그들의 오만한 마음을 내뿜는군요. 그러나 불과 얼마 전에 나의 정복하는 강철 아래 이 허풍선이의 형제 히페레노르가 쓰러졌습니다. 우리의 팔에 맞서 그가 무모하게 도전했을 때, 그의 활력은 헛되었고 그의 오만함도 마찬가지로 헛되었습니다. 이 눈들이 그가 먼지 위에서 소멸하는 것을 보았고, 더 이상 그의 배우자를 격려하거나 그의 아버지를 기쁘지 못합니다. 건방진 젊은이여! 그의 것과 같은 운명이 너의 것이 될 것입니다. 가서 스튀기아의 어둠 속에서 너의 형제를 기다리십시오. 혹은 네가 할 수 있는 동안 위협받는 운명을 피하십시오. 바보들은 그것을 느끼기 위해 머무르고 너무 늦게 현명해집니다."

움직이지 않고 에우포르보스는 이렇게 맞섰다.

"오라, 나의 형제의 피에 대한 보답으로 너 자신의 것을 지불하십시오. 그의 눈물 흘리는 아버지가 너의 운명 지어진 머리를 요구하고, 신혼 침대에서 과부가 된 배우자도 요구합니다. 너의 정복된 전리품들을 나는 그들에게 베풀 것이며, 배우자와 부모의 비통함을 달래줄 것입니다. 그러니 더 이상 그 영광스러운 싸움을 지연시키지 마십시오. 하늘이 우리의 운명, 명성, 그리고 삶을 결정하게 하십시오."

 그 말만큼이나 빠르게 그는 날아가는 창을 던졌다. 잘 겨냥된 무기는 방패 위에서 울렸지만, 놋쇠에 무뎌져 해롭지 않게 떨어졌다. 아버지 제우스에게 위대한 아가멤논이 부르고, 그의 팔에서 창은 헛되이 날아가지 않았다. 그것은 그의 목구멍을 꿰뚫고 그를 평원으로 구부렸다. 넓게 목을 통해 무시무시한 상처가 나타났고, 용사는 똑바로 누워 가라앉았으며 그의 무기들이 반향했다. '개인싸'가 될 뻔했는데 가불된 목숨이었다.

 그의 황금빛 머리카락의 빛나는 고리들은, 심지어 우아함의 여신들도 자랑스러워했을 만한 것이었다. 보석들과 금으로 박혀 있던 그것들은 해변을 흩뿌리며, 이제 먼지로 불명예스러워지고

피로 기형이 된 채 널브러져 있었다. 마치 신선한
샘물로 영원한 푸름의 왕관을 썼던 젊은
올리브나무가, 눈 같은 꽃들 속에서 즐거운 머리를
들고 부드러운 공기에 놀고 춤출 때처럼
아름다웠다. 그런데 보라! 높은 하늘로부터
회오리바람이 침범하여 그 부드러운 식물과
그것의 모든 그늘들을 시들게 하더니, 마침내
비옥한 침대에서 뿌리째 뽑아 누이고 말았다. 이제
훼손되고 죽은 사랑스러운 폐허처럼, 그렇게 젊고
그렇게 아름다운 에우포르보스가 누워 있었다.

 맹렬한 스파르타인 메넬라오스는 그의 무기들을
찢어가는 중이었다. 그의 행동에 대해 오만하고 그
전리품 속에서 영광스러운 메넬라오스에게 놀란
트로이는 우뚝 솟은 승리자에게서 달아났다. 마치
마을의 개들과 떠는 하인들이 어떤 산 사자의 분노

앞에서 물러날 때처럼 달아났다. 그들은 학살된 수소 위에서 그가 포효하는 것을 들었고, 그의 턱들이 김이 나는 피로 물방울을 떨어뜨리는 것을 보았다. 모두 두려움으로 창백해져 멀리 흩어져, 그들은 끊임없이 소리치고 계곡들은 반향했다.

그동안 아폴론은 부러워하는 눈들로 위대한 헥토르가 그 전리품을 다투도록 재촉했다. 아폴론은 멘테스의 모습으로(거친 키코니아인들이 전쟁의 기술을 배웠던 자) 헥토르에게 외쳤다.

"헛된 속도로 추격하는 것을 그만두시오. 그는 하늘의 종족인 아킬레우스의 말들입니다. 이것들은 필멸의 인간의 명령에 고개를 숙이지 않고, 위대한 아킬레우스의 손 외에는 아무에게도 고개를 숙이지 않습니다. 그토록 헛된 추격에 너무 오래 몰두하지 마시고, 돌아서서 용감한 에우포르보스가 죽임을 당한 것을 보십시오.
스파르타인에게 죽임을 당했고 이제 영원히
억눌러졌습니다. 그 두려움 없는 가슴 속에서
불타오르던 그 불꽃은!"

　이렇게 말하고 아폴론은 그의 비행에 날개를
달았으며, 싸움의 노고들 속에서 필멸의 존재들과
섞였다. 그의 말들은 말할 수 없는 보살핌을 위대한
헥토르의 영혼 속에 깊이 박았다. 헥토르는 모든
전쟁을 통해 그의 불안한 눈을 던졌고, 즉시 그의
피 속에 물든 숨 막히는 영웅을 보았다. (그가
엎드려 누워 있을 때 상처로부터 피가 잘
흘러나왔다.) 그리고 승리자의 손들 속에 빛나는
전리품을 보았다.

　빛나는 무기들 속에 싸여 갈라지는 줄들을 통해
그는 날아갔고, 천둥 속에서 하늘에 그의 목소리를

보냈다. 마치 헤파이스토스에 의해 보내진 불꽃의 홍수처럼 맹렬하게, 그것은 날아갔고 그것이 가는 동안 민족들을 불태웠다.

아가멤논은 그 목소리로부터 그 폭풍을 예감했고, 자신의 정복되지 않은 마음을 이렇게 탐색했다.

"그렇다면 내가 파트로클로스를 평원에 버릴 것인가? 나의 대의를 위해 죽임을 당하고 나의 명예를 위해 죽임을 당한 그를! 나의 친구의 무기, 그 유물들을 버릴 것인가? 혹은 홀로 헥토르와 그의 부대들을 기다릴 것인가? 확실히 하늘이 그런 편파적인 호의를 베푼 곳에서, 영웅에게 용감하게 맞서는 것은 신에게 용감하게 맞서는 것입니다. 그리스여! 내가 한 번 들판을 떠난다면 나를 용서하십시오. 그것은 헥토르에게가 아니라

하늘에 내가 항복하는 것입니다. 그러나 신도
하늘도 나에게 두려움을 주지 않았을 것입니다.
아이아스의 목소리가 나의 귀에 닿기만 한다면
여전히 우리는 돌아설 것이고 여전히 평원들
위에서 싸울 것이며, 그리고 아킬레우스에게 아직
남아 있는 모든 것을 줄 것입니다. 그의 그리고
우리의 파트로클로스 중 이것은 더 이상…."

  시간이 허용하지 않았다. 트로이군이 해변에
두꺼워졌다. 검은 장면! 헥토르가 이끌었던
공포들. 천천히 그는 물러나고 한숨 쉬며 죽은 이를
버렸다. 마치 우리에서 내키지 않는 사자가,
시끄러운 소란들과 다트들의 폭풍에 의해
강요받아 갈라지는 것과 같았다. 그는 정말로
달아나지만 그가 달아날 때 위협했고, 분개한
심장과 되돌려진 눈들로 그렇게 했다.

이제 스파르타인의 줄들 안으로 들어서 그는 돌아서서, 그의 강인한 가슴으로 그리고 새로운 분노로 불타올랐다. 검은 대대들 위로 그의 시선을 보내고, 구름을 통해 신과 같은 아이아스를 알았다. 아이아스가 노고하며 왼쪽에 섰던 곳에서, 무기들 속에 모두 무시무시하고 피로 뒤덮인 채 서 있었고, 거기서 용기를 숨 쉬며 태양신이 공포와 당혹감으로 각 심장을 가라앉혔던 곳에서 서 있었다.

그에게 왕이 말했다. "오, 아이아스, 오 나의 친구여! 서둘러 그리고 파트로클로스의 사랑하는 잔해들을 방어하십시오. 아킬레우스에게 시신을 돌려주기 위한 우리의 보살핌을 요구합니다. 아아, 우리는 더 이상 할 수 없습니다! 왜냐하면 이제 벌거벗겨진 채 무기들을 빼앗긴 채 그는 누워 있으니, 헥토르는 그 눈부신 전리품 속에서 영광을 얻습니다."

그는 말했다. 그리고 그의 심장을 만졌다. 격노하는 한 쌍은 두꺼운 전투를 꿰뚫고 전쟁을 도발했다. 이미 엄격한 헥토르는 그의 머리를 움켜쥐었고, 불행한 죽은 이를 트로이 신들에게 운명 지었다. 그러나 아이아스가 그의 탑 같은 방패를 들어 올리자마자, 헥토르는 그의 전차로 뛰어 올라 들판을 뒤로 재며 물러났다. 그의 무리는 트로이로 빛나는 갑옷을 날랐으며, 전쟁에서 그의 명성의 전리품으로 서 있기 위함이었다.

그동안 위대한 아이아스는(그의 넓은 방패를 펼쳐) 무서운 그늘로 죽은 영웅을 지켰다. 그는 이제 앞에서 그리고 이제 뒤에서 섰다. 마치 어떤 음울한 숲의 한가운데에서, 암사자가 수많은 걸음들로, 인간들과 사냥개들에게 둘러싸인 채 그녀의 누런 새끼들을 둘러쌀 때와 같았다. 마음은 고양되고 그녀의 모든 힘들을 깨우며, 불꽃을 일으키는 눈알들 위로 각 매달린 눈썹은 찡그렸다. 그의 옆에 바싹 그 관대한 스파르타인이 불타올랐으며, 위대한 복수심으로 그리고 그의 내면의 비통함들을 먹였다.

그러나 뤼키아인 원군들의 지도자인 글라우코스는, 헥토르에게 찡그리며 이렇게 그의 비행을 꾸짖었다.

"이제 헥토르에게서 우리가 헥토르를 어디서 찾을 것입니까? 강인한 마음이 없는 남성적인 모습을. 이것이 오 족장이여! 한 영웅의 허풍스러운 명성입니까? 공로 없이는 그 이름이 얼마나 헛됩니까! 싸움이 포기되었으니 너의 생각들을 트로이를 보존할 어떤 다른 방법들로 사용하십시오. 일리온의 국가가 너 홀로 설 수 있는지 시험할 때입니다. 외국인의 손을 요구하지 않고. 비열하고 헛된 허풍! 그러나 뤼키아인들이 너희를 위해 그들의 목숨을 너희가 버리는 그 뤼키아인들을 내기를 걸 것입니까? 너의 감사할 줄 모르는 팔들로부터 우리가 무엇을 기대할 수 있습니까? 너의 친구 사르페돈은 너의 비열한 소홀함을 증명합니다. 말하십시오. 우리의 학살당한 몸들이 너희의 성벽들을 지킬 것입니까, 위대한 사르페돈이 복수받지 못한 채 쓰러지는 동안? 심지어 트로이를 위해 그가 죽었던 그곳에서도 너는 그를 거기에 남겨두었고, 개들을 위한 잔치 그리고 공기의 모든 새들을 위한 잔치로 남겨두었습니다. 나의 명령에 어떤 뤼키아인이

기다린다면, 여기서부터 그가 행진하고 트로이를
운명에게 넘기게 하십시오. 신들이 부여하는 것과
같은 그런 정신이 어떤 트로이인의 손이나
트로이인의 심장을 충동했더라면, (영광을 위해
그리고 그의 나라의 대의를 위해 검을 뽑는 모든
영혼 속에서 불타올랐어야 할 그런 것처럼) 심지어
아직도 우리의 상호간의 무기들을 우리는 사용할
수도 있고, 저기 그 시신을 트로이의 성벽들로
끌어갈 수도 있으리라. 오, 파트로클로스가 우리의
것이었더라면! 우리는 사르페돈의 무기들과
영광스러운 시신을 다시 얻을 수도 있으리라.
그리스는 아킬레우스의 친구로 보상받았을
것이고, 이렇게 그의 그림자에 마땅한 영예들이
구매되었으리라. 그러나 말들은 헛됩니다.
아이아스가 한 번 나타나게 하십시오. 그러면

헥토르는 떨고 두려워 물러납니다. 너는 감히 그의
눈들의 공포들을 만나지 못하고, 보십시오. 이미
너는 달아날 준비를 합니다. 고민세를 내지
않으려고 쫄튀하는 관중입니까?"

트로이의 족장 헥토르는 확고한 분개로
뤼키아인 지도자를 응시하고 침착하게 대답했다.

"나의 친구여, 헥토르의 귀가 그런 용사로부터
그런 연설을 들어야 하는 것이 정당합니까? 나는
너를 한때 너의 종류 중에서 가장 현명한 자라고
여겼습니다. 그러나 이 모욕은 신중한 마음에 잘
어울리지 않습니다. 내가 위대한 아이아스를
피한다고 내가? 나의 무리를 버린다고? 그 무모한
단언이 헛되다는 것을 증명하는 것은 나의
몫입니다. 나는 전투가 피 흘리는 곳에 섞이는 것을
기뻐하고, 소리 내는 말들의 천둥을 듣습니다.

그러나 제우스의 높은 의지는 항상 통제되지 않고, 그는 강한 자를 시들게 하고 대담한 자를 혼란스럽게 합니다. 이제 강력한 사람에게 명성을 씌우고 이제 승리자의 눈썹에서 신선한 화관을 처버립니다! 오라, 저기 부대들을 통해 우리가 길을 베어냅시다. 그리고 너는 내가 오늘 두려워하는지 증인이 되십시오. 어떤 그리스인이 헥토르의 모습을 두려워하는지, 혹은 아직 그들의 영웅이 죽은 이를 감히 방어하는지."

그런 다음 호전적인 군대들에게 돌아서서 그는 외쳤다.

"너희 트로이인들, 다르다니아인들, 뤼키아인들, 그리고 동맹들이여! 나의 친구들, 이름에서처럼 행동에서도 남자들이 되십시오. 그리고 아직 너희의 고대 명성을 명심하십시오. 헥토르는

오만한 아킬레우스의 갑옷 속에서 빛날 것이며,
그의 친구로부터 찢겨진 정복의 권리로 나의
것입니다."

그는 이렇게 말하며 들판을 따라 성큼성큼
걸었다. (검은 깃털 장식들이 그의 머리 위로
고개를 끄덕였다.) 넓은 평원을 통해 빠르게 그는
시선을 보냈고, 한순간에 보았고 한순간에
따라잡았다. 모래 해변에서 빛나는 전리품들을
성스러운 일리온으로 나르는 그 멀리 있는 부대를
보았다.

거기 풀린 갑옷들이 들판에 흩뿌려졌고, 그의
무리는 트로이로 그 무거운 짐을 운반했다. 이제
불멸의 무기들 속에서 그는 빛나며 서 있었다.
그것은 천상의 손들의 작품이자 선물이었다. 늙은
펠레우스에 의해 아킬레우스에게 주어졌고,

펠레우스에게는 하늘의 궁정들에 의해 먼저 주어진 것이었다. 그의 아버지의 무기들을 아킬레우스는 오래 입지 않으리. 그의 아버지의 나이에 도달하는 것이 운명에 의해 금지되었으니.

그를 승리 속에서 오만하고 멀리서 빛나는, 그의 천둥이 혼란스러운 공기를 찢는 그 신은 연민으로 보았다. 그가 따로 앉아 있는 동안, 의식적으로 운명의 모든 장면을 통해 보았다. 그는 그의 머리의 성스러운 영예들을 흔들었다. 올림푸스가 떨었고 신은 말했다.

"아, 비참한 사람아! 너의 끝을 명심하지 않는 자여! 한순간의 영광 그리고 어떤 운명들이 따르는가! 천상의 무기들 속에 신성하게 밝게 너는 서 있고 군대들이 너의 모습에 떠는구나. 아킬레우스 자신에게 하듯이 너의 다트 아래에는

위대한 아킬레우스의 더 소중한 부분이 죽임을
당해 누워 있네. 너는 강력한 죽은 이로부터 그
무기들을 찢어냈고, 한때 인류 중에서 가장
위대했던 그가 입었을 무기들을. 그러나 살라! 나는
너에게 한 영광스러운 날을 준다. 네가 사라지기
전에 영광의 불꽃 하나를. 왜냐하면 아, 더 이상
안드로마케는 기쁨의 눈물들과 함께 헥토르를
집으로 환영하기 위해 오지 않으리라. 더 이상
친절하게 애정 어린 매력들로 너의 지친
사지들에서 펠리데스의 갑옷을 풀지 않으리라!"

 그런 다음 그의 검은 눈썹으로 그는 끄덕였고,
그의 말을 봉인하는 신의 허락이었다. 그
고집스러운 무기들은(제우스의 명령에 의해
처리되어) 자발적으로 순응하고 그의 주위로
닫혔다. 신으로 가득 차 그의 사지들은 성장하고,

그의 모든 정맥들을 통해 갑작스러운 활력이 날아갔다. 피는 더 활기찬 조수들 속에서 굴러가기 시작했고, 아레스 자신이 그의 영혼 위로 돌진해 왔다.

　모든 들판을 통해 크게 권고하며 그는 성큼성큼 걸었고, 아킬레우스나 신처럼 보이고 움직였다. 이제 메스틀레스, 글라우코스, 메돈에게 그는 영감을 불어넣고, 이제 포르퀴스, 크로미우스, 그리고 히포토우스를 불태웠다. 위대한 테르실로쿠스는 같은 분노를 발견했고, 아스테로파이우스는 그 소리에 불붙었고, 예언으로 유명한 엔노무스도 마찬가지였다.

　"들으시오, 모든 군대들이여! 그리고 이웃 민족들의, 혹은 먼 땅들의 수많은 부대들이여! 우리가 그토록 멀리 너희를 소집한 것은 국가를 위함이 아니었고, 우리의 수와 전쟁의 화려함을 자랑하기 위함이 아니었습니다. 너희는 싸우기 위해 왔습니다. 용맹한 적을 추격하고 우리의 현재 그리고 우리의 미래 종족을 구원하기 위해. 이것을 위해 우리의 재산, 우리의 생산물들을 너희는 즐기고, 소진된 트로이의 유물들을 줍습니다. 이제 그러면 정복하거나 죽기 위해 준비하십시오. 죽거나 정복하는 것은 전쟁의 조건들입니다. 어떤 손이든 죽임을 당한 파트로클로스를 이긴다면, 누구든 그를 트로이 무리로 끌고 간다면, 헥토르 자신과 동등한 영예들을 주장할 것이며, 헥토르와 함께 그 전리품을 나누고 명성을 공유할 것입니다."

  그의 말들에 불타 군대들은 그들의 두려움들을 덜어내고, 그들은 합류하고 그들은 두꺼워지고 그들은 그들의 창들을 내밀었다. 확고한 대형으로 그리스인들 위로 가득하게 그들은 몰아붙였고, 각자는 아이아스로부터 그 영광스러운 먹이를 희망했다. 헛된 희망! 얼마나 많은 수가 들판을 뒤덮을 것인가, 얼마나 많은 희생물들이 그 강력한 죽은 이 주위에서 멸망할 것인가!

위대한 아이아스는 멀리서 성장하는 폭풍을 주목하고, 그의 전쟁의 형제 메넬라오스에게 이렇게 말했다.

"아아, 나의 친구여! 우리의 치명적인 날이 왔습니다. 그리고 우리의 모든 전쟁들과 영광들은 끝났습니다! 이것은 우리가 헛되이 지키는 이 시신만이 아닙니다. 트로이 평원에서 독수리들에게 운명 지어진. 우리도 똑같은 슬픈 운명에 항복해야 합니다. 너에게, 나에게, 아마도 나의 친구여, 모두에게 떨어져야 합니다.

보십시오. 얼마나 끔찍한 폭풍을 맹렬한 헥토르가
퍼뜨리는지, 그리고 보십시오. 그것이 터지고
우리의 머리 위에서 천둥을 칩니다! 우리의
그리스인들을 부르십시오. 만약 어떤 이가 그
부름을 듣는다면, 가장 용감한 그리스인들을. 이
시간은 그들 모두를 요구합니다."

그 용사는 그의 목소리를 높였고 넓게 주위로
들판은 그 고통스러운 소리를 다시 울렸다.

"오, 족장들이여, 오 왕자들이여! 그의 손에
인간들의 통치가 주어졌네! 그의 영광은
하늘로부터 왔네! 아가멤논이 마땅한 영예들로
존경하는 이들! 너희 아르고스 종족의 안내자들과
수호자들이여! 모두, 이 잘 알려진 목소리가 멀리서
닿을 자들이여! 모두, 이 전쟁의 구름을 통해 내가
보지 못하는 자들이여! 모두 오십시오. 관대한

분노가 너희의 무기들을 사용하게 하고, 트로이의 개들로부터 파트로클로스를 구원하십시오."

　오일레우스의 아들 아이아스가 먼저 그 목소리에 복종했고, 그의 걸음은 빨랐고 그의 도움은 준비되어 있었다. 다음으로 그에게 나이로 더 느리게 이도메네우스가 왔고, 영웅의 분노로 불타오르는 메리온이 왔다. 오랫동안 뒤따르는 수들을 누가 이름 지을 수 있겠는가? 그러나 모두가 그리스인들이었고 모두가 명성을 위해 열렬했다.

　맹렬하게 위대한 헥토르는 군중을 이끌었고, 온 트로이가 몸이 합쳐져 함성들과 함께 나아갔다. 마치 산의 물결이 거품을 내고 격노할 때처럼, 어떤 부풀어 오른 강이 그의 파도들을 내보내는 곳에서, 입 한가운데에서 돌진하는 조수가 멈추고,

끓어오르는 바다는 이리저리 움직이고 포효했다.
그 강은 그의 최대한의 해변까지 떨고, 먼 바위들은
그 포효에 다시 울렸다.

그에 못지않게 결연한 확고한 아카이아인
부대가 놋쇠 방패들로 끔찍한 원 안에 서 있었다.
제우스는 뒤섞인 싸움 위로 어둠을 쏟아내고,
용사들의 빛나는 투구들을 밤 속에 감추었다.
그에게 군대들이 다투는 그 족장 파트로클로스는
살아 있는 동안 혐오스럽지 않았으니 그는 친구로
살았다. 죽었으니 그는 우월한 보살핌으로 그를
보호했고, 그의 시신을 공기의 새들에게 운명 짓지
않았다.

파트로클로스의 시신을 위한 두 번째 전투

첫 번째 공격을 그리스인들은 겨우 지탱했고,

격퇴당해 그들은 양보했다. 트로이인들은 죽은 이를 빼앗았다. 그런 다음 맹렬하게 그들은 다시 모이고 복수로 이끌려 아이아스 텔라몬의 빠른 분노에 의해 나섰다. (아이아스는 펠레우스의 아들에게 두 번째 이름이고, 우아한 키에서 다음 그리고 명성에서 다음이었다.) 머리부터의 힘으로 그는 가장 앞선 줄들을 찢었고, 마치 산 멧돼지가 덤불을 통해 터져 나올 때처럼, 무례하게 주위로 흩뿌렸다. 겁에 질린 사냥꾼과 짖는 사냥개를. 댕댕이들처럼 혼비백산했다.

레투스의 아들 용감한 펠라스기아인의 상속자인 히포토우스는 시신을 전쟁을 통해 끌어당겼다. 힘줄 같은 발목들이 꿰뚫려 그는 두 개의 상처들을 통해 삽입된 가죽 끈들로 발들을 묶었다. 피할 수 없는 운명이 그 행동을 따라잡았다. 위대한

아이아스의 복수하는 창에 피 흘리도록 운명
지어졌다. 그것은 투구의 놋쇠 뺨들을 둘로
쪼갰다. 산산조각 난 깃털 장식 투구와 말털이
평원을 흩뿌렸다. 신경들이 풀려 그는 땅으로
떨어졌고, 뇌가 끔찍한 상처를 통해 솟구쳐 나왔다.
그는 파트로클로스의 발을 떨어뜨렸고 그 위로
펼쳐져, 이제 죽은 이들의 슬픈 동료로 누워
있었다. 라리사로부터 멀리 떨어져 누워 있었고,
그의 고향 공기에서 그리고 그의 부모들의
부드러운 보살핌에 형편없이 보답했다.
한탄스러운 젊은이여! 삶의 첫 꽃에서 그는
쓰러졌고, 위대한 아이아스에 의해 지옥의
그림자들로 보내졌다.

　다시 한번 아이아스에게 헥토르의 투창이
날아갔다. 그리스인은 그것이 하늘을 가르는 것을

주목하고, 내려오는 죽음을 피했다. 그것은 쉿 소리를 내며 나아갔고, 먼지 속에 위대한 이피투스의 아들, 용감한 스케디우스를 펼쳐놓았다. 모든 포키아인들 중에서 가장 대담한 용사이고 가장 고귀한 마음을 가진. 작은 파노페에서 힘으로 유명한 그는 그의 자리를 가졌고 주위의 왕국들을 다스렸다. 그의 목구멍에 박힌 그 무기는 그의 피를 마셨고, 어깨를 통해 깊이 꿰뚫려 서 있었다. 쨍그랑거리는 무기들 속에서 영웅은 쓰러졌고 모든 들판들은 그의 무거운 낙마로 반향했다.

포르퀴스는 학살당한 히포토우스를 방어하는 동안, 텔라몬의 창이 그의 배를 찢었다. 속이 빈 갑옷은 그 타격 앞에서 터졌고, 상처를 통해 돌진하는 내장들이 터져 나왔다. 강한 경련들 속에

모래 위에서 헐떡이며 그는 누워 있고 죽어가는
손들로 먼지를 움켜쥐었다. 그 광경에 충격을 받아
트로이 군대는 물러났다. 외치는 아르고스인들은
죽은 영웅들을 약탈했다.

  그리고 이제 트로이는 그리스에 의해
항복하도록 강요받아, 그녀의 성벽들로 달아나고
들판을 포기했을 것이며, 그리스는 그녀의 타고난
강인함에 고양되어, 제우스가 반대하는 채로
운명의 저울을 돌렸으리라. 그러나 포이보스가
아이네이아스를 싸움으로 재촉했다. 그는 시야에
늙은 페리파스처럼 보였다. (안키세스의 사랑
속에서 늙어버린 전령으로, 신중함으로 존경받고
신중함으로 대담한.)

  "아직, 오 족장이여! 무슨 방법들이 남아
있습니까? 비록 하늘이 그녀의 몰락을

명령하더라도 너의 트로이를 구원하기 위해?
용감한 보살핌으로, 용맹함, 숫자, 그리고 전쟁의
예술들로, 힘들에게 가라앉는 국가를 살려주도록
강요하고, 마침내 운명의 영광스러운 역경들을
얻었던 영웅들이 있었습니다. 그러나 너는 운명이
미소 짓고, 제우스가 그의 편파적인 호의를
선언하고 너의 전쟁들을 돕는 동안, 너희 자신의
부끄러운 노력들을 너희 자신에게 사용하고,
내키지 않는 신이 트로이를 파멸시키도록
강요합니다."

아이네이아스는 가정된 형태를 통해 숨겨진
힘을 감지했고 헥토르에게 이렇게 외쳤다.

"오, 영원한 수치여! 우리 자신의 두려움에
먹이가 되어, 우리는 우리의 성벽들을 찾고 그날을
버립니다. 어떤 신이, 그리고 그는 그보다 덜하지

않으니, 나의 가슴을 따뜻하게 하고, 제우스가 트로이 무기들을 주장한다고 나에게 말합니다."

그는 말했다. 그리고 싸움으로 가장 먼저 날아갔다. 그의 대담한 본보기를 그의 모든 군대들이 추격했다. 그런 다음 먼저 레오크리투스가 그의 아래에서 피 흘렸다. 용맹한 뤼코메데스가 헛되이 사랑했던 그를. 그는 그의 몰락을 보았고 그 우연에 슬퍼하며, 재빨리 그것에 복수하기 위해 그의 화난 창을 보냈다. 맴도는 창은 활기찬 힘으로 아피사온의 가슴에 박혔다. 부유한 파이오니아의 계곡들로부터 그 용사는 왔으니, 너 다음으로 아스테로파이우스여, 자리와 명성에서.

아스테로파이우스는 슬픔으로 그 학살당한 이를 보았고, 싸움으로 돌진했지만 그는 헛되이 돌진했다. 떼어놓을 수 없이 확고하게 죽은 이 주위로 줄 안에 줄로 방패 위에 방패가 펼쳐졌고, 뾰족한 창들로 둘러싸인 그리스인들이 섰다. 놋쇠 성벽 그리고 철의 숲이었다. 위대한 아이아스는 끊임없는 보살핌으로 그들을 눈여겨보고, 원 안에서 붐비는 전쟁을 수축시켰다. 밀접한 줄들 속에서 싸우거나 쓰러지라고 명령하고, 모든 것의 중심이자 영혼으로 서 있었다. 그들은 그 장소에 확고히 서서 싸우고 상처 입히고 상처 입었다. 피비린내 나는 급류가 김이 나는 땅을 적셨다. 그리스인들의 더미들 위에, 트로이인들의 더미들 위에 피 흘렸고, 그들 주위로 두꺼워지며 죽은 이들의 언덕들이 솟아났다.

밀접한 순서로 그리고 모인 힘으로 그리스는, 그러나 가장 적게 고통받고 흔들리는 싸움을 지배했다. 충돌하는 불들처럼 맹렬하게 전투는 불타고, 이제 그것이 솟아오르고 이제 그것이 번갈아 가라앉았다. 하나의 두꺼운 어둠 속에서 모든 싸움은 잃어버려졌고, 태양, 달, 그리고 모든 하늘의 군대들이 마치 소멸된 것처럼 보였다. 그들의 눈들로부터 낮이 강탈당하고, 모든 하늘의 광채들이 하늘들로부터 얼룩져졌다. 시성비가 안 좋았다.

그런 파트로클로스의 몸 위로 밤이 걸려 있었으니, 나머지는 햇빛 속에서 그리고 열린 빛 속에서 싸웠다. 거기 구름 없이 공중의 푸른색이 펼쳐졌고, 어떤 증기도 산의 머리 위에 쉬지 않았다. 황금 태양은 더 강한 광선을 쏟아냈고, 모든 넓은 확장이 낮으로 불꽃을 일으켰다. 들판 주위로 흩어져 번갈아가며 그들은 싸우고, 여기저기 그들의 흩어진 화살들이 빛을 비추었다.

그러나 죽음과 어둠은 시신 위로 펼쳐졌고, 거기서 전쟁이 불타고 거기서 강력한 자들이 피 흘렸다.

그동안 네스토르의 아들들은 뒤에서, (그들의 동료들이 쫓겨났으니) 먼 창을 던졌다. 그리고 넓게 작은 충돌을 벌였다. 네스토르가 함대에서 필로스 부대를 보냈을 때처럼 그가 명령했다. 젊은 형제들은 이렇게 명성을 위해 다투었으나, 아킬레우스의 친구의 운명을 알지 못했다. 생각 속에서 그들은 여전히 그를 보았고, 호전적인 기쁨으로 무기들 속에서 영광스럽게 그리고 트로이에 죽음을 다루는 그를 보았다.

그러나 시신 주위로 영웅들은 숨을 헐떡이고, 죽음의 일이 두껍고 무거워졌다. 이제 먼지, 땀 그리고 피로 그들의 무릎들, 그들의 다리들, 그들의 발들은 덮였다. 물방울들이 물방울들을 따르고

구름들이 구름들 위로 솟아오르고, 학살이 그들의
손들을 막고 어둠이 그들의 눈들을 채웠다.
 마치 학살당한 황소의 아직 김이 나는 가죽처럼,
완전한 힘으로 잡아당겨지고 이리저리 잡아당겨져
근육질의 무두질공들이 늘릴 때처럼. 확장된
표면을 지방과 피에 취한 채 노고할 때처럼. 그렇게
시신 주위로 잡아당기며 양쪽 군대들이 섰다.
짓눌린 몸은 땀과 피에 씻겼다. 그리스인들과
일리온인들이 동등한 힘을 사용하는 동안, 이제
그것을 배들로 강제로 통과시키고 이제 트로이로
통과시켰다.
 분노가 그녀의 가슴을 따뜻하게 할 때 팔라스
자신도, 혹은 그의 분노가 세상을 무장시키는 그도,
이 장면을 비난할 수 없었으리. 그런 격노, 그런
공포가 만연했다. 그런 것을 제우스는 위대한 죽은

이를 존중하도록 명령했다.

  아킬레우스는 그의 배들 속에서 멀리 떨어져 누워 있었고, 그날의 치명적인 운명을 알지 못했다. 그는 아직 파트로클로스의 낙마를 알지 못하고, 일리온의 성벽 아래 먼지 속에 펼쳐진 그를, 정복된 평원에서 영광스럽게 돌아오기를 기대하고, 그의 바라던 귀환을 위해 헛되이 준비했다. 비록 그가 잘 알았을지라도 오만한 일리온을 굽히는 것은 하늘이 그의 친구에게 운명 짓지 않은 것보다 더 많다고. 아마도 그에게 이것을 테티스가 드러냈으리라. 나머지는 그녀의 아들을 불쌍히 여겨 숨겼다.

  여전히 죽은 영웅 주위로 싸움이 격노하고, 무더기들 위에 무더기들로 상호간의 상처들로 그들은 피 흘렸다.

"저주받은 자는 그 사람이다(심지어 평범한 그리스인들도 말했을 것이다) 이 잘 다투어진 날을 버리기를 감행하는 자는! 먼저 우리의 눈들 앞에서 갈라지는 땅이 넓게 벌어져 희생 제물로 우리의 피를 마시기를! 먼저 모두가 멸망하기를 오만한 트로이가, 우리가 파트로클로스를 잃었고 우리의 영광을 잃었다고 자랑하기 전에!"

그들은 이렇게 한 목소리로 트로이인들이 말하는 동안, "오늘 제우스여, 이것을 허락하소서! 혹은 우리를 죽은 이들 위에 쌓으소서!" 그런 다음 그들의 소리 나는 무기들이 부딪혔다. 그 쨍그랑거리는 소리들이 솟아오르고, 하늘의 놋쇠 오목한 부분을 흔들었다.

그동안 피의 장면에서 멀리 떨어진 곳에서, 위대한 아킬레우스의 곰곰이 생각하는 말들이 서 있었다. 그들의 신과 같은 주인이 그들의 눈들 앞에서 죽임을 당했으니, 그들은 울었고 인간의 비참함들을 나누었다. 헛되이 아우토메돈은 이제 고삐를 흔들고, 이제 채찍질하고 헛되이 달래고 위협했다. 싸움으로도 헬레스폰투스로도 그들은 가지 않았고, 그들은 완고하게 서 있고 비통함 속에 고집스러웠다.

  마치 어떤 선량한 남자나 여자 위에 결코 움직이지 않을 묘비처럼 고요하게, 그것의 영원한 무게를 놓고 있었다. 혹은 조각가의 손들로 대리석 말이 서 있는 것처럼 고정되어, 영웅의 무덤 위에 놓여 있었다. 그들의 얼굴들을 따라 큰 둥근 물방울들이 조용한 걸음으로 내려왔고, 먼지 위에 엉겨붙었다. 그들의 갈기들은 최근에 그들의 둥근 목들을 둘러쌌고 위엄 속에 흔들렸으나, 이제 멍에 아래에서 먼지 위에 질질 끌려 펼쳐졌고, 그의 힘 없는 머리는 땅 위로 엎드려 매달려 있었다. 댕댕이들처럼 슬퍼했다.

제우스도 연민 어린 시선을 던지는 것을 마다하지 않고, 이렇게 누그러지며 말들에게 말했다.

"오, 불행한 말들이여! 불멸의 혈통의 말들이여, 나이에서 면제되고 죽지 않는. 이제 헛되이 우리가 너희 종족을 필멸의 인간에게 베풀었는가? 오직 아, 필멸의 비통함들을 나누기 위해? 왜냐하면 아, 아래의 땅 위에서 숨 쉬거나 기어 다니는 열등한 탄생의 어떤 것이 있는가? 어떤 불쌍한 종류의 어떤 비참한 피조물이, 인간보다 더 약하고 비참하고 눈이 먼가? 비참한 종족! 그러나 슬퍼하는 것을 멈추십시오. 왜냐하면 너희에 의해

프리아모스의 아들이 화려한 전차 위에 높이
날라지는 것이 아니기 때문입니다. 한 가지
영광스러운 전리품을 그는 무모하게 자랑합니다.
나머지는 우리의 의지가 거부합니다. 우리 자신이
너희의 신경들에 빠름을 불어넣을 것이고, 우리
자신이 솟아나는 정신들로 너희의 심장을 부풀릴
것입니다. 아우토메돈은 너희의 빠른 비행을
안전하게 해군으로 전쟁의 폭풍을 통해 나를
것입니다. 왜냐하면 아직 트로이가 들판을
황폐하게 하고 그녀의 학살들을 해변으로
퍼뜨리는 것이 허락되었으니, 태양은 그녀가
정복하는 것을 그의 몰락까지 성스러운 어둠으로
모든 것의 얼굴을 가릴 때까지 볼 것입니다."

 그는 말했다. 그리고 불멸의 말에게 과도한
정신을 숨 쉬고 그들을 경주로 재촉했다. 그들의

높은 갈기들로부터 그들은 먼지를 흔들고, 켜진
전차를 갈라진 전쟁을 통해 날랐다. 마치 독수리가
거위들의 시끄러운 무리를 통해 날아가듯이,
그들은 소리치고 평원 주위로 흩어진다.

　이제 위험으로부터 가장 빠른 속도로 그들은
날아갔고, 이제 정복을 향해 같은 속도로 추격했다.
자리에 홀로 마부가 남아, 이제 투창을 재촉하고
이제 고삐들을 지시했다. 용감한 알키메돈이
고통받는 그를 보았고, 전차에 접근하고 족장에게
말을 걸었다.

　"어떤 신이 너를 이렇게 무모하게 도전하도록
재촉하는가? 혼자서 도움 없이 가장 두꺼운 전쟁
속에서? 아아, 너의 친구는 죽임을 당했고
헥토르가 아킬레우스의 갑옷을 들판들에서
승리적으로 휘두릅니다."

"행복한 시간에 마부가 대답했습니다. 대담한 알키메돈이 이제 나의 눈들을 맞이합니다. 그리스인들 중 그와 같이 천상의 말들을 억제하거나, 정지된 고삐들 속에서 그들의 분노를 붙잡는 사람은 없습니다. 파트로클로스는 그가 살아 있는 동안 그들의 분노를 길들일 수 있었으나, 이제 파트로클로스는 텅 빈 이름일 뿐입니다! 당신에게 나는 자리를 양보하고 당신에게 지휘하는 임무를 양도합니다. 싸움의 임무는 나의 것이 되게 하십시오."

그는 말했다. 알키메돈은 활동적인 열정으로, 고삐들을 낚아채고 자리 안으로 뛰어 올랐다. 그의 친구는 내렸다. 트로이의 족장이 그리고 그의 옆에서 싸우는 아이네이아스를 불렀다.

"보라, 나의 시야에 우리의 희망을 넘어 회복된,

아킬레우스의 전차가! 그것의 영주가 버린 영광스러운 말들이 우리의 준비된 무기들을 초대합니다. 그들의 약한 마부들은 그들을 싸움을 통해 겨우 인도합니다. 우리가 공격할 때 그런 적수들이 설 수 있겠습니까? 너의 힘을 연합하십시오, 나의 친구여. 그러면 우리는 우세할 것입니다."

아프로디테의 아들 아이네이아스는 그 조언에 굴복했고, 그런 다음 그들의 등 뒤로 그들의 단단한 방패들을 펼쳤다. 놋쇠로 빛나는 넓은 표면이 빛났고, 두꺼운 소가죽들이 광대한 오목한 부분을 감쌌다. 크로미우스가 그들을 따르고 아레투스가 뒤따랐다. 각자는 높은 말들의 정복을 희망했다. 헛되이 용감한 젊은이들이여, 영광스러운 희망들로 너희는 불타오르네. 헛되이 전진하라.

돌아가도록 운명 지어지지 않았다.

움직이지 않고 아우토메돈은 싸움을 기다리고, 영원한 이에게 간청하고 그의 힘을 모았다. 그런 다음 그의 친구에게 돌아서서 두려움 없는 마음으로.

"오, 거품 내는 말들을 뒤에 바싹 붙잡아두십시오! 그들의 콧구멍들이 나의 어깨들 위로 완전히 숨 쉬게 하십시오. 싸움은 힘들고 적은 결연합니다. 그것은 헥토르가 오고 그리고 그가 전리품을 찾을 때, 전쟁은 중간을 알지 못합니다. 그는 그것을 얻거나 죽습니다."

그런 다음 들판을 통해 그는 그의 목소리를 크게 보냈고, 전쟁하는 군중으로부터 아이아스들을 불렀다.

"위대한 아가멤논와 함께 이리로 돌리십시오.

(그가 말했다.) 고통이 즉각적인 도움을 요구하는 곳으로 돌리십시오. 죽은 이는 그의 친구들에게 둘러싸여 버려지네, 그리고 살아있는 자들을 더 맹렬한 적으로부터 구원하십시오. 도움 없이 우리는 서 있고 헥토르의 힘과 아이네이아스의 분노와 싸우기에는 불균등합니다. 그러나 그들이 아무리 강력할지라도 나의 힘을 시험하는 것은 오직 나의 몫입니다. 그 결과는 제우스에게 속합니다."

  그는 말했다. 그리고 높이 소리 내는 투창을 던졌다. 그것은 젊은 아레투스의 방패를 지나갔다. 그것은 그의 벨트를 꿰뚫었고 호기심 어린 예술로 새겨진, 그런 다음 아래의 배에 다트를 꽂았다. 얼라랍스타!

  마치 무거운 도끼가 완전히 내려와 어떤

근육질의 황소의 넓은 이마를 쪼갤 때처럼. 뿔들 사이에 맞은 그는 많은 뜀들로 뛰어오르고, 그런 다음 엄청나게 굴러 땅 위로 떨어졌다. 이렇게 젊은이는 쓰러졌다. 공기는 그의 영혼을 받았고, 그의 내장들이 헐떡이는 동안 창은 떨렸다.

이제 아우토메돈에게 트로이인 적이 그의 창을 발사했다. 그의 의도된 타격을 그는 몸을 굽혀 피했다. 그 투창은 한가하게 달아났고, 영웅의 머리 위로 해롭지 않게 쉿 소리를 냈다. 땅에 깊이 뿌리 박힌 강력한 창은 긴 진동들 속에서 거기서 그것의 분노를 썼다.

쨍그랑거리는 초승달 모양의 검들로 이제 족장들은 닫혔으리, 그러나 각 용감한 아이아스가 들고 끼어들었다. 헥토르도 그의 트로이인들과 더 이상 서 있지 않았고, 그러나 그들의 학살당한 동료를 그의 피 속에 남겨두었다. 그의 무기들을 아우토메돈은 벗겨냈고 외쳤다.

"받으십시오, 파트로클로스여! 이 비열한 희생제물을. 이렇게 저는 저의 슬픔들을 달랬고, 이렇게 저는 지불했습니다. 그것이 아무리 불쌍할지라도 너의 그림자에게 어떤 제물을."

그렇게 사자는 난도질된 멧돼지 위를 바라보았고, 모두 분노로 무시무시하고 피로 끔찍했다. 높이 전차 위로 한 번 뛰어올라 그는 튀어 올랐고, 그의 자리 위로 피비린내 나는 전리품들을 매달았다.

그리고 이제 아테나는 공기의 영역들로부터 격렬하게 내려오고 전쟁을 다시 시작했다. 왜냐하면 마침내 그리스인들의 무기들을 돕는 것을 기뻐하며, 벼락을 던지는 신이 푸른 눈의 처녀를 보냈기 때문이었다. 마치 높은 제우스가 미래의 비통함을 선언하고, 어두운 구름들 위로 그의 자주색 활을 확장할 때처럼, (혼란스러운 공기로부터의 폭풍들의 신호로, 혹은 인간의 분노로부터의 파괴적인 전쟁의) 축 처진 가축들은 임박한 하늘들을 두려워하고, 그의 절반만 갈린 들판에서 농부는 달아났다.

그런 형태로 여신은 그녀 주위에 창백한 구름을 그렸고 싸움으로 날아갔다. 포이닉스의 모습을 가정하여 그녀는 땅에 떨어지고, 그의 잘 알려진 목소리로 스파르타인에게 외쳤다.

"아킬레우스의 친구가 모든 이에게 사랑받는 그가, 너에게 가장 위대한 그의 대의 때문에 쓰러져 트로이 성벽 아래 개들에게 먹이가 되어 누워 있습니까? 미래 시대들에 말할 그리스의 무슨 수치입니까?"

"오, 족장이여, 오 아버지여, 아트레우스의 아들이 대답했다. 오 긴 날들로 가득찬 이여, 오랜 경험으로 현명한 이여! 여기서 움직이지 않고 제가 사랑했던 그 사람의 시신을 지키는 것보다 저의 영혼이 더 무엇을 바랍니다? 아, 만약 아테나가 저에게 이 지친 팔을 들어 올리고, 전쟁의 폭풍을 막을 힘을 보냈더라면 좋았을 것을! 그러나 헥토르는 불의 분노처럼 우리는 두려워하고, 제우스 자신의 영광들이 그의 머리 주위에서 불꽃을 일으킵니다!"

모든 힘들의 주소로 첫 번째로 불려진 것을 기뻐하며, 그녀는 새로운 활력을 그녀의 영웅의 가슴에 숨 쉬게 하고, 날카로운 복수심으로 끔찍한 악의로, 피에 대한 욕망 그리고 분노 그리고 싸움에

대한 욕정으로 채웠다.

  그래서 복수심에 찬 말벌이 (영혼 전체가 불타오르네) 헛되이 격퇴당하고 여전히 피에 목말라, (공기와 열의 대담한 아들은) 화난 날개들 위에서 길들여지지 않고 지치지 않고, 돌아서고 공격하고 침을 쏘니, 같은 열정으로 불타 맹렬한 아가멤논은 날아갔고, 그가 던지는 모든 창으로 그의 영혼을 보냈다.

  거기 한 트로이인이 있었으니 명성에 알려지지 않은 자가 아니었다. 아이티온의 아들 포데스가 그의 이름이었다. 재산으로 존중받고 용기로 축복받았고 헥토르에게 사랑받고 그의 동료이자 그의 손님이었다. 그의 넓은 벨트를 통해 창이 통로를 찾았고, 그가 쓰러질 때 무겁게 그의 무기들이 반향했다.

갑자기 헥토르의 옆에 아폴론이 섰고,
아시우스의 아들 파이놉스처럼 신이 나타났다.
(위대한 아시우스는 그의 부유한 통치를 아름다운
아뷔도스에서 굴러가는 바다 옆에서 가졌다.)

"오, 왕자여, 오 한때 명성에서 맨 앞이었던 자여!
이제 어떤 그리스인이 너의 이름에 떨 것입니까?
너는 마침내 메넬라오스에게 항복합니까? 한때
들판의 공포가 아니라고 생각되었던 족장에게?
그러나 홀로 이제 오랫동안 다투어졌던 전리품을
그는 승리적으로 나릅니다. 우리의 군대가
달아나는 동안. 같은 팔에 의해 빛나는 포데스가
피 흘렸고, 헥토르의 친구는 복수받지 못한 채
죽었습니다!"

이것을 들은 헥토르 위로 슬픔의 구름이 퍼졌다.
분노가 그의 창을 들어 올리고 그를 적에게로

몰아붙였다. 그러나 이제 영원한 이가 그의 검은
방패를 흔들었고, 그것은 이다와 모든 복종하는
들판을 가렸다. 그것의 넓은 가장자리 아래로
굴러가는 구름이 산을 감쌌고 천둥이 크게
포효했다. 그 놀란 언덕들은 그들의 기초들로부터
고개를 끄덕이고, 신의 번개들 아래에서 불꽃을
일으켰다. 그의 모든 것을 보는 눈의 한 번의
시선에 정복당한 자가 승리하고 승리자들이
달아났다. 럭키비키!

  그런 다음 그리스는 떨었다. 페넬레우스가
비행을 이끌었다. 왜냐하면 용감한
보이오티아인이 그의 머리를 돌렸을 때 적을
향하기 위해 폴뤼다마스가 가까이 다가와, 짧아진
창으로 그의 어깨를 긁었기 때문이었다.
헥토르에게 상처 입은 레이투스는 평원을 떠났고,

177

손목을 통해 꿰뚫려 그리고 고통으로 격노하며,
한때 그의 무시무시했던 창을 헛되이 움켜쥐었다.
 헥토르가 뒤따르는 동안 이도멘은 그의 불꽃을
내는 투창을 그의 강인한 가슴에 말을 걸었다.
부서지기 쉬운 끝은 그의 코르셋 앞에서 양보했다.
의기양양한 트로이는 소란으로 들판들을 채웠다.
높이 그의 전차들 위에서 크레타인은 섰고,
프리아모스의 아들은 거대한 나무를 휘둘렀다.
 그러나 그 목표에서 벗어나 그 격렬한 창은 군사
메리온의 시종이자 마부인 코에라노스를 쳤다.
그는 아름다운 뤽토스를 명성의 들판들로 떠났다.
걸어서 대담한 메리온은 싸웠고 그리고 이제 낮게
누워, 그의 트로이 적의 승리들을 빛냈으리, 그러나
용감한 시종이 준비된 말들을 가져왔고, 그의
삶으로 그의 주인의 안전을 샀다. 그의 뺨과 귀

사이에 무기가 갔고, 이빨들을 산산조각 내고 혀를 찢었다. 자리에서 머리부터 그는 평원으로 곤두박질쳤다. 그의 죽어가는 손은 떨어지는 고삐를 잊었다.

이것을 메리온은 전차에서 몸을 굽히고 얻었고, 희망 없는 전쟁을 버리라고 재촉했다. 이도메네우스는 동의하고 채찍을 적용했고, 빠른 전차는 해군으로 날아갔다.

아이아스도 덜하지 않게 하늘의 뜻을 감지했으니, (제우스의 손에 의해 트로이 편으로 옮겨가는 그런 정복을) 그런 다음 이렇게 시작했다. 아트레우스의 씨앗 메넬라오스에게(신과 같은 텔라몬의 아들 아이아스).

"아아, 누가 제우스의 전능한 손이 그 영광을

트로이 부대로 이전하는 것을 보지 못합니까? 약한
자든 강한 자든 다트를 발사하든, 그는 각 화살을
그리스인의 심장으로 인도합니다. 우리의 창들은
그렇지 않고, 끊임없이 그것들이 비처럼
내릴지라도, 그는 모든 창이 헛되이 떨어지게
허용합니다. 신의 버려진, 그러나 우리
시도합시다. 인간의 힘과 신중함이 공급할 수 있는
것을. 만약 아직 이 영광스러운 시신이 승리 속에
날라져 우리의 귀환을 희망하지 않는 함대를
기쁘게 할 수 있다면, 그들은 아직 떨고 있고
운명들로부터 겨우 구원받았으니, 여전히
헥토르가 그들의 문들에서 천둥을 치는 것을
듣습니다. 어떤 영웅이 또한 보내져야 합니다.
펠레우스의 아들의 귀에 그 슬픈 메시지를 나르기
위해. 왜냐하면 그는 확실히 알지 못합니다.

해변에서 멀리 떨어져 그의 친구, 그의 사랑하는 파트로클로스가 더 이상 없다는 것을. 그러나 그런 족장을 나는 군대들 속에서 엿보지 못합니다. 사람들, 말들, 군대들 모두, 일반적인 어둠 속에 길을 잃었습니다. 땅과 공기의 영주여!—오 왕이여, 오 아버지여! 저의 겸손한 기도를 들으십시오. 이 구름을 흩뿌려 하늘의 빛을 회복시키십시오. 제가 보는 것을 허락하십시오. 그러면 아이아스는 더 이상 요구하지 않습니다. 만약 그리스가 멸망해야 한다면 우리는 당신의 뜻에 복종합니다. 그러나 우리가 낮의 얼굴 앞에서 멸망하게 하십시오!"

눈물들로 영웅은 말했다. 그리고 그의 기도에 신은 누그러져 구름 낀 공기를 맑게 했다. 밖으로 태양은 모든 것을 밝히는 광선으로 터져 나왔고, 갑옷의 불꽃이 낮에 맞서 섬광을 냈다.

"이제 아가멤논이여, 너의 시선을 주위로 던지십시오. 만약 아직 안틸로쿠스가 싸움에서 살아남았다면, 그가 위대한 아킬레우스의 귀에 그 치명적인 소식을 전달하게 하십시오."

  아가멤논은 서둘러 떠났다. 마치 사자가 밤의 우리로부터 돌아서네, 비록 용기는 높고 굶주림으로 대담하더라도, 목동들에게 오랫동안 괴롭힘을 받고 사냥개들에게 오랫동안 괴롭힘을 받아, 피로에 뻣뻣하고 상처들로 쓰라려 아파, 화살들이 백 개의 손들로부터 그의 주위로 날아가고, 불타는 나뭇조각들의 붉은 공포들이. 마침내 마지못해, 낮이 올 때, 시무룩하게 그는 떠나고 맛보지 못한 먹이를 버렸다.

  그렇게 아가멤논은 그의 위험한 장소에서 움직였으니, 지친 사지들로 그러나 내키지 않는 걸음으로. 적은 그는 두려워했다. 아직 파트로클로스를 얻을 수도 있다고, 그리고 많이 훈계하고 많이 그의 무리에게 간청했다.

"오, 이 유물들을 너희의 보살핌에 맡겨진 대로 지키십시오. 그리고 죽은 이의 공로들을 마음에 두십시오. 그는 얼마나 각 친절한 예술에 능숙했는가. 가장 온화한 방식들 그리고 가장 부드러운 심장을 가졌습니다. 그는 아아, 친구였으나! 운명이 그의 끝을 결정했으니, 죽음 속에서 영웅으로 삶 속에서 친구였듯이." 존맛탱 같은 우정이었고 제당슈만 같은 영웅이었다.

그렇게 족장은 헤어졌다. 줄에서 줄로 그는 날아가고, 모든 면에 그의 꿰뚫는 시선을 보냈다. 가장 날카로운 눈을 부여받은 그 대담한 새처럼 공기 한가운데를 나는 모든 새들 중에서, 성스러운 독수리는 그의 위를 걷는 곳으로부터 아래를 내려다보고 먼 덤불이 움직이는 것을 본다. 그런 다음 몸을 숙이고 떠는 토끼 위로 뛰어들어, 공기의 구름들 한가운데에서 그의 목숨을 낚아챘다.

그의 발휘된 시야로 덜 빠르게, 그는 싸움의 줄들을 통해 이리저리 지나갔다. 마침내 왼쪽에서 그가 찾았던 족장을 그는 발견했으니, 그의 사람들을 격려하고 주위로 죽음들을 다루고 있는 그를.

왕이 그에게 "사랑하는 자여, 가까이 오십시오. 왜냐하면 더 슬픈 소식들이 너의 귀에 결코 닿지 않았을 것이니까. 너의 눈들은 어떤 치명적인 전환을 목격했습니다! 일리온이 어떻게 승리하고 아카이아인들이 어떻게 슬퍼하는지를. 이것이 전부가 아닙니다. 파트로클로스는 해변 위에서

이제 창백하고 죽은 채로 더 이상 그리스를 돕지
않을 것입니다. 함대로 날아가십시오. 이 순간
날아가 그리고 슬픈 아킬레우스에게 그의
사랑하는 친구가 어떻게 쓰러졌는지 말하십시오.
그도 서둘러 벌거벗은 시신을 얻을 수도 있습니다.
무기들은 헥토르의 것입니다. 그가 죽은 이를
약탈했으니."

젊은 용사는 조용한 비통함으로 들었고, 그의
아름다운 눈들에서 눈물들이 흐르기 시작했다.
강력한 슬픔으로 부풀어 그는 말하려 애썼다.
슬픔이 지시하는 것을. 그러나 어떤 말도 길을 찾지
못했다.

용감한 라오도쿠스에게 그의 무기들을 그는
던졌으니, 그는 그의 근처에서 맴돌며 그의 말들을
몰고 갔다. 그런 다음 슬픈 메시지를 전달하기 위해

달려갔고, 눈물 어린 눈들과 낙담한 심장과 함께였다. 중꺾마가 흔들리는 순간이었다.

재빠르게 젊은이는 날아갔다. 메넬라오스도 서 있지 않았으니(심한 고통에 처했음에도 불구하고 필로스 부대들을 돕기 위해), 그러나 대담한 트라쉬메데스에게 그 군대들을 지탱하라고 명령했다. 그 자신은 그의 학살당한 파트로클로스에게 돌아갔다.

"안틸로쿠스가 갔습니다." 영웅이 말했다. "그러나 희망하지 마십시오, 용사들이여, 아킬레우스의 도움을. 그의 분노가 맹렬할지라도 그의 비통함이 끝없을지라도, 무장하지 않은 채 그는 트로이 적과 싸우지 않습니다. 오직 우리의 손들 안에 우리의 희망들이 남아 있습니다. 우리의 자신의 활력만이 죽은 이를 되찾아야 하고, 우리

자신들을 구원해야 합니다. 격렬한 증오로
트로이가 쏟아져 들어오고 이 길로 우리의 운명이
굴러오는 동안."

"잘했소." 아이아스가 말했다. "그렇다면 너의
보살핌이 되게 하십시오. 메리온의 도움으로
무거운 시신을 들어 올리는 것이. 나 자신과 나의
대담한 형제는 헥토르와 그의 돌격하는 무리의
충격을 지탱할 것입니다. 우리는 군대들을
두려워하지 않습니다. 나란히 싸우면서 트로이가
감행할 수 있는 것을 우리는 이미 시도했습니다.
시도했고 서 있었습니다." 영웅은 말했다.

땅으로부터 높이 용사들은 죽은 이를 들어
올렸다. 일반적인 소란이 그 광경에 솟아올랐다.
시끄럽게 트로이인들이 외치고 싸움을 다시
시작했다. 마치 어떤 음울한 숲을 따라 덜 맹렬하게

돌진하지 않았다. 만족하지 않는 분노로 그리고 피에 대한 갈증으로, 탐욕스러운 사냥개들이 많은 길들을 먼저 그들의 맹렬한 사냥꾼들보다 부상당한 멧돼지를 몰아붙일 때처럼. 그러나 만약 그 야만인이 그의 으르렁거리는 눈을 돌리면, 그들은 멀리서 울부짖고 숲 주위를 날아다닌다.

그렇게 후퇴하는 그리스에게 트로이인들이 쏟아내고, 그들의 두꺼운 초승달 모양의 검들을 흔들고 그들의 투창들을 소나기처럼 내렸다. 그러나 아이아스가 돌아서자 그들의 두려움에 그들은 굴복하고, 모두 창백해져 그들은 떨고 들판을 버렸다.

이렇게 높이 영웅의 시신을 그들이 나르는 동안, 그들 뒤에서 전쟁의 모든 폭풍이 격노했다. 혼란, 소동, 공포가 인간들, 말들, 전차들의 군중 위로 쫓겨남을 재촉했다. 마치 상승하는 불꽃들과 함께 덜 맹렬하게 바람들이 공모한다. 어떤 도시를 불의 파도들 아래에 짓누르기 위해. 이제 음울한 구름들 속에 오만한 거처들이 가라앉고, 이제 불타는 신전들이 삐걱거린다. 울리는 급류가 폐허를 통해 굴러가고, 연기의 시트들이 극들로 무겁게 올라갔다.

　영웅들은 그들의 영광스러운 짐 아래에서 땀을 흘렸다. 마치 두 마리의 노새가 거친 길을 따라 가파른 산으로부터 힘을 발휘하여 어떤 거대한 들보나 돛대의 다루기 힘든 길이를 끌어당길 때처럼. 속으로 그들은 신음하고 큰 땀방울들이 떨어졌으며, 그 엄청난 목재는 언덕 아래로 덜컹거렸다. 그렇게 이들은 뒤에서 아이아스의 덩치가 서 있고, 돌진하는 부대들의 급류를 깨뜨렸다. 마치 강이 갑작스러운 비로 부풀어 오를 때처럼, 그의 넓은 물들을 수평의 평원들 위로 퍼뜨리고, 어떤 가로막는 언덕이 흐름을 나누고, 그것의 힘을 깨뜨리고 구불구불한 조수들을 돌려놓았다.

여전히 가깝게 그들은 뒤따르고 가깝게 후방과 싸웠다. 아이네이아스는 폭풍을 일으키고 헥토르는 분노로 거품을 냈다. 한편 그리스는 무거운 두꺼운 후퇴를 유지했고, 한 무리로 끼워져 학들의 비행처럼, 그들은 끊임없이 비명을 지르고 한편 매는 걸려 있다. 높이 균형 잡힌 깃털들 위에 그들의 아직 깃털 없는 새끼들을 위협한다.

그렇게 트로이 족장들로부터 그리스인들이 달아났고, 그런 것이 야생적인 공포이고 뒤섞인 외침이었다. 안에, 밖에, 해자 안에도 그리고 모든

길에, 밝은 무더기들 속에 흩뿌려져 그들의
무기들과 갑옷들이 누워 있었다. 그런 공포를
제우스가 새겼다. 그러나 여전히 계속되는 죽음의
일 그리고 여전히 전투는 피를 흘렸다.

18

아킬레우스의 슬픔, 그리고 헤파이스토스가
그를 위해 만들어준 새 갑옷

시간 배경 : 29일 후반부와 밤
장소 배경 : 아킬레우스의 천막 그리고
헤파이스토스의 궁전

아킬레우스의 슬픔과 테티스의 위로

　마치 불의 분노처럼 전투는 타올랐고,

격렬해졌다가 잠잠해지기를 반복했다.

그동안 헬레스폰투스 넓은 물가에 네스토르의 아들 안틸로쿠스가 슬픔의 전령으로 서 있었다. 아킬레우스는 돛들의 그늘 아래 앉아 깊은 생각에 잠겨 있었다. 운명이 계획한 모든 것이 불길한 예감으로 그의 마음에 떠올랐기 때문이었다.

그는 혼잣말처럼 중얼거렸다. "아, 최근 승리했던 그리스인들이 왜 평원에서 물러나야 하는가? 오늘이 그날인가? 하늘이 그토록 오래전에 나를 비통함으로 가라앉히도록 명령했던 그날인가? 테티스가 경고했듯이, 어떤 트로이인의 손에 의해 뮈르미돈 부대의 가장 용감한 자가 빛을 잃을 때를! 그 명령이 이행되었네. 용사는 쓰러졌고, 그가 바로 파트로클로스라니! 헛되이 나는 그에게 곧 평원을 떠나라고 명령했고, 헛되이 헥토르의 힘을 피하라고 경고했네!"

 그가 이렇게 생각하는 동안 안틸로쿠스가 나타났고, 눈물과 함께 이 우울한 소식을 전했다.

 "펠레우스의 아들이여, 당신은 슬픈 소식들을 들어야 합니다. 그리고 비참한 저는 내키지 않는 전령입니다! 파트로클로스가 죽었습니다. 그의 시신을 위해 그들이 싸웁니다. 그의 벌거벗은 시신을! 그의 무기들은 헥토르의 권리입니다."

 갑작스러운 공포가 족장 전체를 꿰뚫었고, 슬픔의 구름이 그의 감각을 감쌌다. 그는 땅 위에 쓰러져, 격렬한 손으로 우아한 머리 위에 타는 재를 뿌렸고, 자주색 옷과 황금 머리카락을 먼지로 뒤덮고 이것들을 찢었다. 딱딱한 흙 위에 신음하는 가슴을 던지고, 뒹굴고 기어갔다. (스불재) 스스로 불러온 재앙이라는 듯이, 아킬레우스의 고통은 멈출 줄 몰랐다.

 혼란스러운 아름다움을 가진 처녀 포로들은 (아킬레우스 자신의 것이든 파트로클로스의 무기로 얻었든) 외침과 함께 천막들에서 뛰쳐나왔고, 주위에 모여 하얀 가슴을 때리고 땅 위에서 기절했다. 네스토르의 아들은 더 남성적인 역할을 지탱하며, 용사의 심장으로 그 용사를 슬퍼했다. 그의 광적인 비통함 한가운데서 그의 팔들 위에 매달리고, 자주 스스로에게 가하려는 타격을 막아섰다.

 바다 깊은 심연 멀리, 백발의 네레우스와 물의 무리들과 함께 어머니 여신 테티스는 수정 왕좌에서 그의 큰 외침을 들었고, 신음으로 신음에 답했다.

 그녀의 여주인과 함께 둥근 네레이데스들도

울었고, 깊은 바다의 모든 바다-푸른 자매들도 마찬가지였다. (탈리아, 글라우케 등 긴 이름의) 이 모든 여신들이 희미하게 빛나는 동굴을 채웠다. 그녀들은 각자 상아 가슴을 조용한 비통함으로 때렸고, 마침내 테티스의 슬픔이 이렇게 터져 나오기 시작했다.

"나의 말을 들으시오, 그리고 판단하십시오, 바다의 자매들이여! 테티스가 불평할 얼마나 정당한 원인을 가졌는지! 만약 제가 필멸의 존재였다면 저의 운명은 얼마나 비참했을까! 불멸의 상태에서는 얼마나 더 비참할까! 저의 잠자리에서 신과 같은 영웅이 나왔으니, 그 이름으로 태어난 그 누구보다 훨씬 용감합니다. 어떤 아름다운 올리브나무처럼 저의 조심스러운 손으로 그는 자랐고 번성하고 땅을 장식했습니다.

트로이로 나는 그를 보냈습니다. 그러나 운명들은 명령하네. 그가 결코, 결코 다시 돌아와서는 안 된다고. 그토록 짧은 시간 동안 하늘의 빛을 볼 것이고, 아, 그토록 짧은 시간 동안 고뇌로 가득 차 있었습니다! 그의 슬픔들이 해변을 통해 어떻게 메아리치는지 들으십시오! 나는 그것들을 완화시킬 수 없지만 한탄해야 합니다. 나는 적어도 부드러운 몫을 나르기 위해 가고, 어머니의 심장으로 나의 사랑하는 이를 슬퍼할 것입니다."

그녀는 말했고, 바다의 동굴들을 떠났다. 모두 눈물로 씻겨진 채 그 우울한 무리는 그녀의 뒤를 따랐다. 넓게 파도들이 갈라졌고, 긴 화려함이 은빛 파도를 나누는 중이었다.

이제 접근하여 그들은 트로이 땅에 닿았고, 둘씩, 둘씩 해변 위로 올라섰다. 불멸의 어머니는 가까이에 서서 슬퍼하는 아들의 한숨에 대답했다.
해안을 따라 그들의 뒤섞인 소음이 흘렀고, 은빛
발의 여인이 이렇게 말했다.

"왜 나의 아들이 슬퍼하는 것입니까? 당신의
최근에 선호했던 요청을 신이 허락했고
그리스인들을 고통스럽게 했습니다. 왜 나의
아들이 슬퍼하는 것입니까? 당신의 고뇌를 제가
나누게 하십시오. 그 원인을 드러내고 부모의
보살핌을 믿으십시오."

그는 깊이 신음하며 말했다. "이 고칠 수 없는
슬픔에, 심지어 벼락을 던지는 신의 호의도 안도를
가져다주지 않습니다. 파트로클로스! 아, 말하라,
여신이여! 내가 무엇을 자랑할 수 있겠습니까?
이제 어떤 즐거움을, 복수 그 자체가
잃어버려졌습니다. 나의 모든 호전적인 무리들

중에서 사랑받았던 파트로클로스는, 인류를 넘어, 나 자신을 넘어 죽임을 당했습니다! 신들 자신이 베풀었던 그 무기들은 잃어버려졌습니다. 헥토르가 그 영광스러운 짐을 나릅니다. 저주받으라, 그날 위의 모든 힘들이 당신의 매력들을 필멸의 사랑에 복종시켰을 때! 오, 만약 당신이 여전히 바다의 누이로, 물의 통치의 즐거움들을 추구했더라면 좋았을 것을! 그리고 더 행복한 펠레우스는 덜 야심적이고 필멸의 아름다움을 그의 동등한 침대로 이끌었더라면! 당신의 불행한 자궁의 그 슬픈 열매가 그렇게 지나간 슬픔들과 다가올 비통함들을 야기하기 전에 말입니다. 왜냐하면 곧, 아아, 그 비참한 자손이 죽임을 당하면, 새로운 비통함들, 새로운 슬픔들이 다시 창조될 것입니다. 이제 운명에는 대안을 주는 것이 없습니다. 파트로클로스가 죽었으니 아킬레우스는 사는 것을 싫어합니다. 헥토르의 오만한 심장에 복수하게 하십시오. 그의 마지막 영혼이 나의 다트 위에서 연기를 내게 하십시오. 이 조건들 위에 나는 숨을 쉴 것입니다. 그때까지 나는 인간 종족 한가운데를 걷는 것이 부끄럽습니다."

눈물의 홍수를 이것에 여신은 흘렸고, 그것과 함께 이 대답을 했다.

"아, 그러면 나는 당신이 죽는 것을 봅니다. 당신이 죽은 것을 봅니다! 헥토르가 쓰러질 때 당신은 죽습니다."

"헥토르가 죽게 하라!"

"그리고 나도 쓰러지게 하라!" 아킬레우스가 대답했다. "파트로클로스는 그의 고향 평원에서 멀리 누워 있습니다! 그는 쓰러졌고 쓰러지며 나의 도움을 헛되이 바랐습니다. 아, 그러면 이 비참한 날부터 나의 귀환에 대한 모든 희망을 내가 버렸으니, 복수받지 못한 채 백 명의 유령들이 헥토르의 운명을 아킬레우스의 손으로부터 요구합니다. 여기서 야만적인 용맹함으로 멀리 유명한, 나는 땅에 대한 한가로운 짐으로 삽니다. (다른 이들은 고귀한 기술을 위해 회의에서 유명했으니, 내가 죽이는 것보다 보존하는 데 더 유용합니다.) 내가 하게 하라, 하지만 오, 너희 은혜로운 위의 힘들이여! 인간들과 신들로부터 분노와 복수를 제거하십시오. 멀리, 멀리, 모든 필멸의 가슴에 너무나 소중하네. 영혼에게 달콤하네, 꿀이 입맛에 달듯이. 해로운 종류의 증기들처럼 모여 불 같은 피로부터 그리고 모든 마음을 어둡게 합니다. 아가멤논은 나를 치명적인 증오로 재촉했습니다. 그것은 지나갔습니다. 나는 그것을 진정시킵니다. 나는 운명에 양보합니다. 그래, 나는 내 친구의 살인자를 만날 것입니다. 혹은 (만약 신들이 그것을 명령한다면) 나의 끝을 만날 것입니다. 운명의 타격을 가장 강한 자도 피할 수 없습니다. 위대한 알키데스 헤라클레스, 제우스의 비길 데 없는 아들도, 마침내 헤라의 증오에 그의 숨결을 양도하고, 모든 것을 정복하는 죽음의 희생물로 가라앉았습니다. 그렇게 아킬레우스도 쓰러질 것입니다. 창백하고 죽은 채로 펼쳐져, 더 이상 그리스인들의 희망도 트로이인들의 두려움도 아니게! 내가 이 순간 들판들로 돌진하게 하십시오. 그리고 삶의 짧은 수확물이 주는 영광을 거두게 하십시오. 어떤 과부가 된 여인이 광적인 손들로 그녀의 오랫동안 헝클어진 머리카락을 찢도록 내가 강요하지 않겠습니까? 내가 그녀의 가슴이 한숨들로 부풀어 오르도록 강요하지 않겠습니까? 그리고 부드러운 눈물들이 그녀의 눈들로부터 흘러내리도록? 그래, 나는 아름다운 이에게 그 슬퍼하는 매력들을 줄 것입니다. 헛되이 당신은 저를 붙잡고 있습니다. 여기서 떠나라! 나의 무기들이여, 나의 무기들이여! 곧 피비린내 나는 급류가 그렇게 넓게 퍼질 것입니다. 모든 이들이 아킬레우스가 조수를 부풀린다는 것을 알게 할 것입니다."

"나의 아들아," 푸른빛의 테티스가 대답했다. (비밀스러운 한숨과 함께 운명에 복종하며,) "군대를 돕고 당신의 친구들을 구원하는 것은, 당신에게 합당하고 용감한 자의 의무입니다.

그러나 당신은 벌거벗은 채 평원들로 나아갈 수 있습니까? 당신의 빛나는 무기들을 트로이 적이 붙잡고 있습니다. 모욕하는 헥토르는 그 전리품들을 높이 나릅니다. 그러나 헛되이 영광을 얻습니다. 왜냐하면 그의 운명이 가까이에 있으니 말입니다. 아직, 아직 잠시 동안 당신의 관대한 열정을 멈추십시오. 확신하건대 제가 낮이 올 때 당신을 만날 것입니다. 빛나는 무기들로, 영광스러운 짐 채워져, 헤파이스토스의 무기들, 한 신의 노고를 말입니다."

그런 다음 바다의 딸들에게 돌아서서, 여신은 그녀의 푸른 무리를 이렇게 해산시켰다.

"너희 자매 네레이데스들이여, 너희의 깊은 곳들로 내려가라. 서둘러 그리고 우리 아버지의 성스러운 자리를 기다려라. 나는 신성한 건축가를 찾으러 간다. 광대한 올림푸스의 별이 박힌 정상들이 빛나는 곳으로. 그러니 우리의 백발의 아버지에게 말하라." 이 임무를 그녀는 주었다. 바다-푸른 자매들은 파도 아래로 뛰어들었고, 테티스는 다시 한번 축복받은 거처들에 올랐고, 신들의 놋쇠 문지방을 밟았다.

헤파이스토스의 궁전과 아킬레우스의 새 갑옷

그리고 이제 그리스인들은 맹렬한 헥토르의 힘으로부터, 넓은 헬레스폰투스를 향해 그들의 머리부터의 길을 재촉했다. 아직 그들의 족장들은 파트로클로스의 시신을 폭풍을 통해 천막이 있는 해변으로 안전하게 나르지 못했다.

말들, 보병들은 동등한 분노로 합류하여, 후방에 쏟아졌고 뒤에 바싹 천둥을 쳤다. 마치 익은

곡식들의 들판들을 통해 불꽃처럼, 헥토르의
분노가 줄들 위로 날라졌다.

　세 번 죽임을 당한 영웅을 발로 그는 끌어당겼고,
세 번 트로이인들의 소란이 하늘들로 날아갔다.
그만큼 자주 아이아스들은 그의 공격을
지탱했지만, 막혀 그는 돌아섰다. 격퇴당해 다시
공격했다. 더 맹렬한 함성들로 그의 꾸물거리는
군대들을 그는 불태우고, 한 발짝도 양보하지 않고
그의 자리에서 물러나지 않았다. 마치 경계하는
목동들이 헛되이, 배고픈 사자를 죽임을 당한
시신으로부터 강제로 몰아내려 애쓰는 것과
같았다.

　심지어 아직 파트로클로스를 그는 날라갔을
것이다. 그리고 확장된 그날의 모든 영광들을
얻었을 수도 있었다. 만약 높은 헤라가 공기의

영역들로부터, 은밀하게 그녀의 충실한 전령을 급파하지 않았더라면 말이다. 여러 색깔의 소나기 활의 여신인 이리스가, 회오리바람 속에 아래의 해변으로 쏘아졌다. 그녀는 그의 배들에서 위대한 아킬레우스에게 왔고, 이렇게 말했다.

"일어나십시오, 펠레우스의 아들이여! 일어나십시오, 신성하게 용감한 자여! 싸움을 도우십시오. 그리고 파트로클로스를 구원하십시오. 그를 위해 학살이 함대로 그들이 퍼뜨리고, 죽은 이 주위로 상호간의 상처들로 쓰러집니다. 그를 트로이로 다시 끌어당기기 위해 적이 애씁니다. 헥토르의 분노는 그의 죽음으로 끝나지 않습니다. 그는 개들에게 시신이 눕도록 운명 짓고, 그의 머리를 높이 고정할 장소를 표시합니다. 일어나십시오. 그리고 (만약 당신이 아직 명성을 생각한다면) 당신의 친구의 불명예, 당신 자신의 영원한 수치를 막으십시오!"

"여신이여, 어떤 신이 당신을 하늘의 공기로부터 보내는가?" 아킬레우스가 이렇게 물었고, 이리스가 이렇게 대답했다.

"저는 왔습니다, 펠리데스여! 제우스의 여왕으로부터, 위의 영역들의 불멸의 여제로부터 왔습니다. 높이 멀리 앉아 있는 그에게는 알려지지 않았고, 하늘의 모든 의회에게도 알려지지 않았습니다."

"당신은 헛되이 오는군요." 그는 분노로 따뜻해져 외쳤다. "나는 어떤 무기도 가지고 있지 않고 무장하지 않은 채 내가 싸울 수 있는가? 내키지 않지만 나는 힘으로 머문다. 테티스가 낮이 올 때 나에게 가져올 때까지 헤파이스토스의 무기들을 말이다. 내가 어떤 다른 것을 휘두를 수 있겠는가? 강력한 텔라몬의 방패 외에? 그것은 나의 친구의 방어에서 아이아스가 펼쳤네. 그의 강한 창이 그의 주위로 죽은 이들을 쌓는 동안 말이다. 그 용감한 족장은 메노이티우스의 아들을 방어하고, 그의 아킬레우스가 했어야 할 것을 한다."

이리스가 말했다. "당신의 무기들의 부족함을 우리는 잘 압니다. 그러나 무장하지 않았더라도 공포들을 입고 가십시오! 아킬레우스가 해자를 가로질러 나타나기만 한다면, 오만한 트로이는 떨 것이고 두려워하는 것에 동의할 것입니다. 그리스는 그 무서운 눈의 한 번의 시선에서 새로운 용기를 취하고 달아나는 것을 경멸할 것입니다."

그녀는 말했고 공기 속으로 사라졌다. 영웅은

일어섰다. 팔라스(아테나)는 그녀의 아이기스를 그의 어깨 위로 던졌고, 그의 눈썹들 주위에 그녀는 황금 구름을 펼쳤으며, 영광의 흐름이 그의 머리 위에서 불꽃을 일으켰다.

마치 어떤 포위된 도시로부터 연기가 솟아오르고 높은 곳으로 구름을 일으킬 때처럼. (어떤 섬으로부터 바다 위로 멀리서 보이는, 사람들이 고통받을 때 전쟁의 신호를 매달아 놓을 때처럼.) 태양이 바다 속에 그의 광선들을 숨기자마자, 언덕들 위로 두껍게 불타는 봉화들이 불꽃을 일으켰다. 긴 투영된 광선들로 바다들이 밝았고, 하늘의 높은 아치는 붉은 빛을 반사했다. 그렇게 아킬레우스의 머리에서 광채들이 솟아올랐고, 하늘들에 맞서 불꽃 위에 불꽃을 반사했다.

앞으로 행진한 족장은 군중들로부터 멀리,
성벽의 난간 위로 그의 목소리를 크게 높였다. 그녀
자신의 외침으로 아테나는 그 소리를 증폭시켰고,
트로이는 놀라움에 움찔하고 해변들은 반향했다.

마치 멀리서 나팔의 놋쇠 입이 날카로운
쨍그랑거리는 소리로 전쟁의 경보를 울릴 때처럼,
성벽들로부터 맞은 그 메아리들은 높이 떠다니고,
둥근 성벽들과 두꺼운 탑들이 대답하는 것처럼,
그렇게 높이 그의 놋쇠 목소리를 영웅은 들어
올렸다. 군대들은 그들의 무기들을 떨어뜨리고
그들이 들었을 때 떨었다. 그리고 전차들은 뒤로
굴러가고 말들은 뛰어 오르고, 말들과 인간들이 땅
위에서 뒤섞여 누워 있었다. 경악하여 그들은
살아있는 번개들이 놀고 있는 것을 보았고,
번쩍이는 광선으로부터 그들의 눈알들을 돌렸다.

세 번 해자로부터 그의 무서운 목소리를 그는
높였고, 세 번 그들은 달아났다. 혼란스럽고 놀란
채였죠. 소동 속에 끼워진 열두 명이 돌진하여 그들
자신의 창들 위에 그들 자신의 전차에 으스러져
죽었다. 그동안 다트들로부터 보호받아
그리스인들은 오랫동안 다투어졌던 죽은 이의
시신을 얻었다. 높은 상여는 숨 막히는 용사를
날랐다. 주위에는 그의 슬픈 동료들이 눈물 속에
녹아내렸다. 그러나 주로 아킬레우스는 그의
머리를 숙이고 죽은 이 위로 헛된 슬픔들을
쏟아냈다. 최근에 승리적으로 그의 말들과 전차와
함께, 그는 전쟁의 들판으로 빛나게 보냈던 그를.
(불행한 변화! 이제 감각이 없는 창백한 그를
발견했다. 펼쳐져 그리고 많은 벌어진 상처들로
갈라진 채.)

그동안 그의 천상의 길에 지치지 않은 채, 바다의 파도들 속에 낮의 내키지 않은 빛이 그의 붉은 구체를 껐다. 헤라의 높은 명령에 따라, 그리고 그들의 노고들로부터 아카이아인 부대를 편안하게 했다.

겁에 질린 트로이인들은 (전쟁으로부터 헐떡이며, 그들의 말들은 지친 전차로부터 고삐가 풀리고) 갑작스러운 회의를 소집했다. 각 족장이 서둘러 나타났고 선 채였다. 왜냐하면 그들은 앉는 것을 두려워했기 때문이다. 이제는 오랫동안 계속되는 논쟁을 위한 계절이 아니었다. 그들은 아킬레우스를 보았고 그 안에서 그들의 운명을 보았다. 그들은 침묵하며 서 있었다. 폴뤼다마스가 마침내 과거로 미래를 분별하는 데 능숙한, 판투스의 아들에게 이렇게 그의 두려움들을 표현했다. (헥토르의 친구 그리고 동등한 나이의. 바로 그 같은 밤이 그들 둘 다에게 존재를 주었고, 한 명은 회의에서 현명했고 한 명은 행동에서 용감했다.)

헤라가 태양에게 지라고 명령하는 모습

"나의 친구들이여, 자유로운 논쟁에서 너희의 판결을 말하라. 나로서는 나는 움직인다. 아침이 밝기 전에, 우리의 진영을 옮기기 위해. 여기 우리의 자리는 너무 위험하다. 트로이 성벽들로부터 멀리 그리고 벌거벗은 해안 위에서 말이다. 나는 그리스가 그토록 무섭다고 생각하지 않았다. 그들의 왕과 영웅이 뒤섞인 불화들 속에서 격노하는 동안 말이다. 그때 우리의 군대들이 우세할 것을 우리가 희망하는 동안 우리는 천 척의

배들 옆에 대담하게 진을 쳤다. 나는 이제
펠레우스의 아들 아킬레우스를 두려워한다. 그의
마음의 분노는 오랫동안 해변들에 갇혀 있지 않을
것이고, 싸우는 들판들에도 거기서 오랫동안
동등한 싸움에서 서로 싸우는 민족들이 그날을
얻거나 잃었지만, 트로이를 위해 트로이를 위해
이제부터 싸움이 될 것이다. 그리고 그 힘든 다툼은
명성을 위한 것이 아니라 삶을 위한 것이다. 그러니
일리온으로 서둘러라. 호의적인 밤이 이 공포들을
붙잡아두고 그 팔을 싸움에서 멀리하는 동안. 만약
내일의 태양이 우리를 여기에서 본다면, 그 팔, 그
공포들을 우리는 느낄 것이다. 두려워하는 것이
아니라. 그리고 이제 경멸하는 심장들이 기쁨으로
뛸 것이다. 만약 하늘이 그때 그들이 트로이에
들어가는 것을 허용한다면. 나의 치명적인 예언이

진실이 되지 않기를, 그리고 내가 생각하는 것조차
떨리는 것이 뒤따르지 않기를! 우리의 운명이
무엇이든 우리가 시도하게 하라. 생각과 이성의
힘이 공급할 수 있는 것을. 우리의 보호를 위해
우리는 조언에 의존하게 하라. 도시는 그녀의
문들과 성벽들로 방어할 것이다. 아침이 밝아올 때
우리의 잘 준비된 힘들은, 무기 속에 정렬되어 높은
탑들에 줄을 설 것이다. 맹렬한 영웅이 그런 다음
분노가 부를 때, 우리의 바위투성이 성벽들 위에
그의 미친 복수를 쏟아내라, 혹은 평원 주위를 천
개의 원들을 그리라, 그의 지친 말들이 다시 함대를
찾을 때까지. 그렇게 그의 분노가 지쳐 그리고
노고로 가라앉을 것이다. 그리고 그가 도시를
약탈하기 전에 개들이 그를 찢을 것이다."

"돌아가라!" 엄격한 경멸로 불타는 헥토르가

말했다. "뭐라고? 모든 군대들을 다시 우리의 성벽들 안에 가두라고? 그것으로 충분하지 않았는가? 너희 용맹한 용사들이여, 말하라! 아홉 해 동안 너희가 그 탑들 속에 감금되어 있었던 것이? 온 세상에 걸쳐 일리온은 옛날에 유명했다. 고갈되지 않는 놋쇠 그리고 황금 광산들 때문에. 그러나 우리가 그녀의 성벽들 안에 영광 없이 머무는 동안, 그녀의 보물들은 가라앉았고 그녀의 저장물들은 쇠퇴했다. 프리기아인들은 이제 그녀의 흩어진 전리품들을 즐기고, 오만한 마이오니아는 트로이의 열매들을 낭비한다. 위대한 제우스가 마침내 나의 무기들을 정복으로 부르고, 그리스인들을 그들의 나무 성벽들 안에 가둔다. 너는 감히 신들이 흥분시키는 자들을 낙담시키는가? 어떤 트로이인이 달아나는가? 나는 그의 비행을 막을 것이다. 더 나은 조언에 그런 다음 주의를 기울여라. 마땅한 재충전을 취하고 보초를 보살펴라. 만약 어떤 사람이 그의 재산에 대해 걱정이 있다면, 그는 그것들을 군대들이 나누도록 가져오게 하라. 그것은 우리의 나라의 적들의 약탈물로 남겨지는 것보다, 관대하게 그들에게 베풀어지는 것이 더 낫다. 아침이 자주색 동쪽을 따뜻하게 하자마자, 맹렬하게 저기 해군력 위에 우리는 우리의 무기들을 쏟아부을 것이다. 만약 위대한 아킬레우스가 그의 모든 힘 속에서 일어난다면, 그의 것이 위험이 될 것이다. 나는 그 싸움에 설 것이다. 신들이여, 명예를 내가 얻거나 주게 하라! 그리고 누가 살든지 그가 영광스럽게 살게 하라! 아레스는 우리의 공통된 영주다. 모두에게 똑같이. 그리고 종종 승리자는 승리하지만 쓰러지기 위해."

외치는 군중은 시끄러운 박수갈채로 합류했고, 그래서 팔라스는 그들의 마음들 중에서 많은 것을 빼앗았다. 그들 자신의 감각에 선고받아 더 나은 것을 거부하기 위해 최악의 조언을 선택하도록 남겨졌다.

긴 밤이 그녀의 검은 통치를 확장하는 동안, 파트로클로스 주위로 그리스인 무리는 슬퍼했다. 우월한 슬픔 속에서 엄격한 펠리데스가 섰으니, 그 학살하는 무기들, 피 속에 몸을 담그는 데 그렇게 익숙한 그는, 이제 그의 흙처럼 차가운 사지들을 껴안았다. 그런 다음 솟구쳐 나오는 눈물들과 한숨들이 그의 부풀어 오르는 심장에서 터져 나왔다.

마치 사자가 무서운 고뇌에 찔려 사막을 통해

포효하고 그의 새끼들을 요구하는 것과 같았다. 그 무시무시한 야만인은 그의 약탈당한 굴로 너무 늦게 돌아와 인간들의 흔적을 코로 킁킁거리며, 계곡들 위로 그리고 숲 위로 뛰어다녔다. 그의 시끄러운 슬픔에 포효하는 숲이 반향했다.

그렇게 아킬레우스는 슬퍼하고 격렬하게, 그의 뮈르미돈인들에게 그의 큰 한탄들을 내뿜었다.

"무슨 헛된 약속 속에서 신들이여, 나는 맹세했는가? 메노이티우스의 허약한 나이를 위로하기 위해, 그의 너무나 사랑하는 자손을 풍부한 전리품들로 아름다운 오푼티아의 해변으로 돌려보내겠다고? 그러나 강력한 제우스는 정당한 경멸로 불쌍한 계획하는 인간의 길고 긴 시야들을 짧게 자릅니다! 한 운명이 용사와 친구를 때릴 것이고, 트로이의 검은 모래들이 우리의 피를

똑같이 마셔야 합니다. 나도 비참한 어머니가
애통해할 것이고, 늙은 아버지는 나를 결코 다시
보지 못할 것입니다! 그러나 나의 파트로클로스여!
아직 잠시 동안 나는 머문다. 그런 다음 어두운
길을 통해 너를 빠르게 추격할 것이다. 너의 소중한
유물들이 무덤에 놓이기 전에, 헥토르의 머리가
너의 그림자에 바쳐지게 하라. 그것은 그의
무기들과 함께 너의 신전 앞에 걸릴 것이다. 그리고
열두 명의 트로이 혈통의 가장 고귀한 자들이,
복수에 성스럽게 이 손에 의해 소멸할 것이다.
그들의 삶들은 너의 불타는 화덕 주위에 쏟아질
것이다. 이렇게 내가 그때까지 누워 있게 하라.
이렇게 바싹 붙어 너의 차가운 얼굴을 씻고 너의
가슴 위에서 흐느끼게 하라! 트로이 포로들이 여기
너의 애도자들로 머무는 동안, 밤새 울고 밤이

새도록 웅성거리네. 나의 무기들과 너의 무기들의 전리품들을, 황폐하게 넓게 우리의 검들이 시간을 지켰고 나란히 정복했으니."

그는 말했고 슬픈 참석자들에게 주위에 창백한 시신을 깨끗이 하고 각 영광스러운 상처를 씻으라고 명령했다.

놀라운 구조의 무거운 가마솥을 그들은 가져왔고 그것을 솟아오르는 불꽃 위에 놓았다. 그런 다음 불붙은 나무를 쌓았고 불꽃은 그 항아리 아래에서 나뉘어 옆면들을 기어 올라갔다. 그것의 넓은 뱃속에 그들은 돌진하는 흐름을 부었다. 끓는 물은 가장자리까지 거품을 냈다. 그런 다음 시신을 경건한 노고로 그들은 씻고, 상처들에 향을 바르고 사지들에 기름을 발랐다. 국토의 침대 위에 높이 펼쳐서 눕히고, 그리고 리넨 그늘로 품위 있게 덮었다. 마지막으로 죽은 이 위로 우유 빛 하얀 베일을 던졌다. 그것이 행해지자 그들의 슬픔들과 그들의 한숨들을 그들은 새롭게 했다.

그동안 헤라에게 위의 영역들에서 (그의 아내이자 누이) 전능한 제우스가 말했다.

"마침내 당신의 뜻이 우세합니다. 위대한 펠레우스의 아들이 무기들 속에 일어납니다. 그런 은혜를 당신의 그리스인들이 얻었습니다. 말하십시오. (나는 알지 못하므로) 그들의 종족이 신성한가? 그리고 너는 그 호전적인 혈통의 어머니인가?"

"이 말들은 무엇입니까?" 황제의 여인이 대답했다. (그녀의 장엄한 눈들로부터 분노가 번쩍이는 동안) "이와 같은 도움은 필멸의 팔이 빌려줄 수도 있고, 그런 성공은 단순한 인간의

223

재치가 참석할 수도 있습니다. 그리고 나는 위의 두 번째 권력인 하늘의 여왕이자 벼락을 던지는 제우스의 배우자인 나는, 말하십시오. 어떤 한 민족의 운명을 지휘하지 않을 것입니까? 한 가지 죄 있는 땅 위로 나의 복수를 내뿜지 않을 것입니까?"

그들은 이렇게 했다. 그동안 은빛 발의 여인은 헤파이스토스의 돔에 도착했으니, 영원한 구조물에! 신성한 작품들 한가운데에 높이 우뚝 솟아, 하늘의 멀리 빛나는 놋쇠 저택들이 빛나는 곳이었다.

거기서 저는 그 절름발이 건축가를 발견했으니, 연기 속에 어둡고 그의 화덕들이 주위로 불꽃을 일으키는 곳에서, 그가 땀에 젖어 불에서 불로 날아다니는 동안, 그리고 시끄럽게 콧김을 내며

포효하는 파도들을 불었다. 그날 어떤 평범한
임무도 그의 노고를 주장하지 않았다. 그는 그의
홀을 위해 완전한 스무 개의 삼각대들을
만들었으니, 그것들은 거대한 황금의 살아있는
바퀴들 위에 놓여, (말하기에 놀라운) 영혼으로
본능적으로 굴러갔다. 장소에서 장소로 축복받은
거처들 주위를 스스로 움직이며 신들의 끄덕임에
복종하여. 그들의 아름다운 손잡이들을 위해 이제
꽃들로 정교하게 만들어져, 준비된 틀들 속에서
그는 빛나는 광석을 쏟아부었다. 그의 생각에
응답하여 그 구조물이 움직일 준비가 되었을 때,
푸른빛의 여신이 왔다.

 그의 배우자인 카리스는 신성하게 아름다운
우아함의 여신으로, (그녀의 묶인 머리칼 주위로
자주색 머리띠들이) 그녀가 들어오는 것을

관찰했고 그녀의 부드러운 손을 그녀는 눌렀다. 그리고 미소 지으며 물의 여왕에게 이렇게 말을 걸었다.

"여신이여! 이 흔치 않은 호의가 무엇을 이끌어내는가? 만세 그리고 환영합니다! 그 원인이 무엇이든, 지금까지 낯선 분이시여, 행복한 시간에 접근하여 작은 집의 맛있는 것들을 맛보십시오."

어린 헤파이스토스를 받는 테티스와 에우뤼노메

높은 왕좌에 은빛 별들로 장식되고 다양한 교활함으로 그 여왕을 그녀는 놓았다. 그녀의 발들 아래에 발판을. 그런 다음 불러 말했다.

"헤파이스토스, 가까이 오십시오. 테티스가 당신의 도움을 요구합니다."

신이 대답했다. "테티스는 우리의 힘들을 주장할

수 있습니다. 영원히 소중하고 영원히 영광스러운
이름입니다! 나의 오만한 어머니가 나를 하늘에서
던졌을 때, (나의 어색한 모습이 그녀의 눈을
불쾌하게 한 것처럼 보입니다) 그녀와
에우뤼노메가 나의 슬픔들을 바로잡았고,
부드럽게 그들의 은빛 가슴에 나를 받았습니다.
심지어 그때 이 예술들이 나의 어린 생각을
사용했으니, 사슬들, 팔찌들, 장식품들, 그들의
모든 장난감들을 나는 만들었습니다. 아홉 해 동안
어두운 거처 속에 비밀스럽게 지내, 안전하게 나는
누워 있었으니, 인간과 신에게서 숨겨진
채였습니다. 동굴이 있는 바위 깊숙이 나의 날들이
이끌렸습니다. 돌진하는 바다들은 나의 머리 위로
웅성거렸습니다. 이제 그녀의 존재가 우리의
저택을 기쁘게 하므로, 말하십시오. 그런 공로에

대해 어떤 봉사를 제가 지불할 수 있습니까? 부디 허락하소서, 오, 테티스여! 우리의 식탁에서 즐거운 의식들과 환대하는 음식들을 나누도록. 그동안 저는 화덕의 노고들을 포기하고, 포효하는 풀무에게 불기를 멈추라고 명령하겠습니다."

그런 다음 그의 모루에서 절름발이 예술가가 일어섰다. 넓게 찌그러진 다리들로 그는 비스듬히 갔고, 풀무를 조용하게 하고 순서대로 그의 거래 도구들을 그들의 궤짝들 안에 넣고 잠갔다. 그런 다음 해면으로 그을린 일꾼은 그의 강인한 갈색 팔들과 털이 난 가슴에 옷을 입혔다. 그의 거대하게 홀로 장식되고 붉은 의상을 입고 불의 주권자는 절뚝거리며 앞으로 나왔다. 군주의 발걸음들을 두 명의 여성 형태들이 지탱했으니, 그것들은 움직이고 살아있는 금으로 숨 쉬었다. 그들에게는 목소리와 감각 그리고 지식이 주어졌으니 신성한 작품들이었다. 이것들에 지탱되어 균등하지 않은 걸음으로, 그는 곰곰이 생각하는 테티스가 앉아 있던 왕좌에 도착했다. 거기 그녀 옆에 빛나는 틀 위에 놓여, 그는 은빛 발의 여인에게 이렇게 말을 걸었다.

헤파이스토스과 카리스가 테티스를 받는 모습

"여신이여, 환영합니다. 무슨 기회가 영광스러운 성벽들로 부르는가? 그것은 당신의 것입니다, 아름다운 테티스여, 명령을 내리는 것은. 그리고 헤파이스토스의 기쁨이자 의무는 복종하는 것입니다."

그에게 슬퍼하는 어머니가 이렇게 대답했다. 수정 같은 물방울들이 눈에 매친 채 그녀는 떨며

서 있었다.

"오, 헤파이스토스! 말하십시오. 어떤 신성한 가슴이 그토록 슬픔에 꿰뚫리고 그토록 나의 것처럼 압도되었습니까? 모든 여신들 중에서 제우스가 오직 테티스를 위해 그런 보살핌의 무게를 준비했습니까? 나 오직 나만이 모든 물의 종족들 중에서 힘에 의해 한 남자의 포옹에 복종했습니다. 그는 이제 나이와 슬픔으로 가라앉아, 긴 날들 위에 부과된 강력한 벌금을 지불합니다. 나의 침대에서 나온 신과 같은 영웅이 왔으니, 확실히 그 이름을 가졌던 그 어느 누구보다 가장 용감합니다. 어떤 아름다운 식물처럼 나의 조심스러운 손 아래 그는 자랐고 그는 번성하고 땅을 장식했습니다. 트로이로 나는 그를 보냈습니다. 그러나 그의 고향 해변은 결코, 아,

결코 그를 다시 맞이하지 못할 것입니다. 여신인 나도 그 타격을 지연시킬 수 없습니다! 그리스 투표가 주었던 전리품을 빼앗겨, 민족들의 왕은 그의 왕의 노예를 강제로 데려갔습니다. 이것 때문에 그는 슬퍼했고 그리고 그리스인들이 압도되어 그의 팔을 요구할 때까지 그는 보상받지 못한 채 슬퍼했습니다. 많은 선물들을 그들은 약속하고 그들의 장로들을 보냈습니다. 헛되이 그는 무장하지 않고 그의 친구가 그의 무기들, 그의 말들, 그의 힘들을 사용하도록 허락합니다. 그는 행진하고 싸우고 거의 트로이를 정복했습니다. 그런 다음 포이보스에게 살해당해 (헥토르가 그 이름을 가졌습니다) 한 번에 그의 갑옷, 삶 그리고 명성을 양도합니다. 그러나 당신은 연민 속에서 저의 기도로 얻어지소서. 이 짧은 삶의 아들에게 불멸의 무기들로 은혜를 베푸시고, 호전적인 화려함 속에서 그를 들판으로 회복시키십시오. 그가 더 이상 빛나지 않을 때까지 영광과 함께 빛나도록 말입니다!"

그에게 예술가 신이 "당신의 슬픔들을 포기하십시오. 헤파이스토스가 할 수 있는 것은 항상 당신의 것입니다. 오, 만약 제가 그를 운명들로부터 숨길 수 있었다면, 혹은 이 손들로 그 잔인한 타격을 물리칠 수 있었다면, 제가 가장 질투받는 무기들을, 놀라는 시대들의 응시 그리고 세상의 경악을 위해 단련할 만큼 잘 할 것입니다."

이렇게 말하고 불들의 아버지는 그의 화덕의 검은 노고들로 물러났다. 그가 그들에게 불기를 명령하자마자 풀무는 돌았다. 그들의 철 입들을 그리고 용광로가 불타는 곳에, 반향하며 숨 쉬었다.

한 번에 그 폭풍이 소멸하고, 스무 개의 용광로들이 한 번에 불들을 잡았다. 신이 지시하는 대로 이제 크게, 이제 낮게 그들은 폭풍을 일으키거나 부드럽게 불었다. 쉿 소리를 내는 불꽃들 속에서 거대한 은 막대들이 굴러가고, 그리고 고집 센 놋쇠 그리고 주석 그리고 단단한 황금이 있었다.

앞에 깊이 고정된 영원한 모루들이 섰고, 무거운 망치가 그의 더 나은 손에 짐을 싣고, 그의 왼손은 집게로 그 짜증나는 금속을 주위로 돌리고, 두껍고 강한 타격들이 두 배가 되는 둥근 천장들을 반향했다.

그런 다음 먼저 그는 거대하고 단단한 방패를 형성했다. 풍부하고 다양한 교활함이 들판을 불꽃으로 장식했다. 그것의 가장자리를 세 겹의 원이 둘러쌌고, 은 사슬이 그 무거운 둥근 것을

233

매달았다. 다섯 개의 넓은 판들이 그 넓은 공간을 구성했고, 신과 같은 노고들이 표면 위로 솟아났다.

거기 주인의 마음의 이미지가 빛났으니, 거기 땅을, 거기 하늘을, 거기 바다를 그는 구상했다. 지치지 않는 태양, 완전히 둥근 달, 하늘의 높은 볼록한 면에 왕관을 씌운 별이 박힌 빛들, 플레이아데스, 히아데스, 북쪽의 팀(큰곰자리)과 함께, 그리고 위대한 오리온의 더 빛나는 광선. 그것을 향해 하늘의 차축 주위로 곰자리가 맴돌며 그의 황금 눈을 가리킨다. 여전히 하늘의 평원 위에서 고상하게 빛나고, 그의 불꽃을 내는 이마를 바다 속에 씻지 않았다.

두 개의 빛나는 도시들이 방패 위에 나타났다. 하나는 평화의 이미지이고 하나는 전쟁의 이미지였다.

평화의 도시

 여기 성스러운 화려함과 즐거운 잔치가 기쁘게 했고, 엄숙한 춤과 결혼의 의식이 있었다. 거리를 따라 새로 만들어진 신부들이 불꽃을 내는 횃불들과 함께 결혼 침대로 이끌려갔다. (이때 신랑 신부의 얼굴에는 첫사랑의 풋풋한 설렘과 앞으로 함께할 삶에 대한 호기심이 가득했다. 그들의 잡은 손은 정서적 교감의 시작을 암시했다.) 젊은 춤꾼들은 부드러운 플루트와 키테른의 은빛 소리에 원을 이루어 묶였다. 아름다운 거리들을 통해 여인들은 한 줄로 그들의 현관들에서 서 있었고 그 쇼를 즐겼다.

 거기 법정에서 수많은 무리들이 떼를 지어 있었다. 논쟁의 주제는 살해당한 한 마을 사람이었다. 한 명은 벌금이 지불되었다고 주장했고 다른 한 명은 거부했다. 그리고 대중과 법들에게 결정하라고 명령했다. 증인이 양쪽에서 제시되었다. 이것을 위해 혹은 저것을 위해 편파적인 사람들이 섰다. 임명된 전령들은 여전히 시끄러운 무리들을, 그리고 그들의 손에 홀들을 가지고 원을 형성했다. 성스러운 장소 안에 돌 의자들 위에서 존경하는 장로들은 그 사건 위로 고개를 끄덕였다. 번갈아 각자는 증언하는 홀을 취하고, 엄숙하게 일어서 각자는 그의 판결을 말했다. 두 개의 황금 달란트들이 한가운데에 시야에 놓여 있었으니, 권리를 가장 잘 판단한 자의 전리품으로였다.

전쟁의 도시

다른 부분은 매우 다른 전망이었다. 빛나는

무기들과 끔찍한 전쟁으로 빛났다. 두 개의 강력한 군대들이 포위된 도시를 껴안았고, 한 명은 약탈하고 싶어 했고 한 명은 그 장소를 불태우고 싶어 했다. 그동안 마을 사람들은 조용한 보살핌으로 무장하고, 적에 대한 비밀 매복을 준비했다. 그들의 아내들, 그들의 아이들 그리고 떨리는 부모들의 경계하는 부대가 작은 탑들 위에서 있었다.

그들은 행진했다. 팔라스와 아레스에 의해 대담하게 만들어져, 금이었다. 그 신들은 그들의 빛나는 옷들도 금이었고, 그들의 갑옷도 금이었다. 이들은 부대를 이끌었고, 장엄하고 신성하고 머리로 우월했다. 매복에 적합한 장소를 그들은 찾았고 섰으니, 방패들로 가려진 채 은빛 홍수 옆에 있었다. 두 명의 스파이들이 멀리서 숨어 있고 경계하는 것처럼 보였다. 양들이나 소들이 구불구불한 흐름을 찾는지.

곧 하얀 양 떼들이 평원들 위로 나아갔고, 천천히 움직이는 소들 그리고 두 명의 목동 하인들이 있었다. 그들의 뒤에서 그들의 갈대 피리들을 불며 그들은 갔으니, 매복을 두려워하지 않고 적을 의심하지 않았다. 무기들 속에 빛나는 부대가 주위로 솟아오르고 갑자기 돌진했다. 학살의 언덕들이 땅에 쌓였다. 온 양 떼들과 소 떼들이 평원들 위에서 피 흘리며 누워 있었고, 그들 모두 한가운데에 죽은 목동 하인들이 있었다!

포효하는 소들이 포위하는 자들이 들었다. 그들은 일어나, 말을 타고 접근하고 전쟁을 만났다. 그들은 싸우고 그들은 쓰러졌다. 은빛 홍수 옆에서, 흔들리는 은은한 피로 얼굴을 붉히는 것처럼 보였다. 거기 소동이, 거기 논쟁이 고백되었다. 한 명은 포로의 가슴에 단검을 들어 올렸고, 한 명은 신선하게 피 흘리는 살아있는 적을 붙잡았다. 새롭게 만들어진 상처들로 다른 한 명은 죽은 이를 질질 끌고 갔다. 이제 여기 이제 저기 그들은 시신들을 찢어발겼다. 운명은 그들 한가운데를 성큼성큼 걸었고 인간의 피로 음산했다. 그리고 전체 전쟁이 밖으로 나와 눈과 마주쳤고, 각 대담한 인물은 살거나 죽는 것처럼 보였다.

평화로운 일상의 이미지

깊게 밭고랑이 파인 들판이 다음으로 신이 구상했다. 땀 흘리는 하인에 의해 세 번째로 노고된, 빛나는 쟁기날들은 수많은 농부들이 지시하고, 그들의 굽은 멍에들을 모든 면으로

돌렸다. 여전히 양쪽 끝에서 그들이 맴돌 때,
주인이 그의 왕관을 쓴 잔을 가지고 그들을 만났다.
그 진심 어린 한 모금은 그들의 노고에 보상하고
새롭게 했고, 그런 다음 돌아가는 쟁기날들은 흙을
갈았다. 뒤에는 솟아나는 흙이 능선들로 굴러가고,
녹은 황금으로 형성되었지만 검게 보였다.

다른 들판이 노란 곡식들로 높이 솟아올랐다.
굽은 낫들을 들고 추수하는 무리가 서 있었다.
여기에 줄들로 펼쳐진 평평해진 곡식들이
발견되고, 여기서 다발들이 다발들 위로 쌓여 땅을
두껍게 했다. 쓸고 지나가는 타격으로 낫질하는
이들은 땅들을 흩뿌렸고, 줍는 사람들이 뒤따르고
무리들로 모았다. 그리고 마지막으로 아이들이
그들의 팔들 속에 날라지니, (그것들을
움켜쥐기에는 너무 짧아) 갈색 곡식 다발들을

운반했다. 들판의 시골 군주는, 조용한 기쁨으로
그의 주위로 더미들이 솟아오르는 것을 엿보았다.
잔치가 준비되어 잔디 위에 놓여 있었고, 한 넓은
떡갈나무의 확장된 그늘 아래에 있었다. 희생
제물인 소를 강인한 젊은이들이 준비했고,
추수하는 이의 마땅한 식사, 여인의 보살핌이었다.
(군싹 도네, 군침이 싹 도네!)

다음으로 노란 황금 속에서 익은 한 포도밭이
빛났으니, 그것의 무거운 수확물들의
포도나무들로 굽혀져 있었다. 더 깊은 염색이
매달리는 다발들을 보여주고, 은빛 지지대들 위에
말려 순서대로 빛났다. 더 어두운 금속이 뒤섞여
그 장소를 파냈고, 빛나는 주석의 울타리들이 그
울타리를 장식했다. 이곳으로 한 오솔길이
부드럽게 굽이쳐 이끌었고, 바구니들을 그들의

머리 위에 얹고 무리를 이끌고 행진했다.
(아름다운 처녀들과 꽃다운 젊은이들) 그들은 미소 지으며 가을의 자주색 생산물을 날랐다. 이들에게 한 젊은이가 노래하는 현들을 깨웠고, 그의 부드러운 노래는 뤼노스의 운명을 노래했다. 측정된 춤 속에서 그의 뒤에서 무리가 움직였고, 부드럽게 목소리를 조율하고 그 가락에 대답했다.

 여기에 소 떼들이 행진했다. 똑바로 서고 대담하게 높이 그들의 뿔들을 들어 올리고 황금 속에서 울부짖는 것처럼 보였다. 그리고 소리 내는 해변들 위의 초원들로 서둘렀으니, 빠른 급류가 갈대들을 통해 포효하는 곳이었다. 네 명의 황금빛 목동들이 그들의 수호자들로 서 있었고, 아홉 마리의 시무룩한 개들이 그 시골 무리를 완성했다.

 두 마리의 사자들이 숲에서 나타났고, 황소 한

마리, 가축 떼의 주인을 잡았다. 그는 헛되이
포효했다. 개들, 인간들이 맞섰다. 그들은 그의
살을 찢고 그의 검은 피를 마셨다. 개들은 (자주
헛되이 격려받았지만) 먹이를 버리고 무시무시한
공포들을 두려워하며 멀리서 짖었다.

이것 다음으로 눈은 헤파이스토스의 예술을
이끌었으니, 깊이 아름다운 숲들을 통해 그리고
초원들의 길이를, 그리고 마구간들과 우리들
그리고 흩어진 작은 집들 사이에 있었다. 그리고
양털 같은 양 떼들은 모든 장면을 하얗게 했다.

그림이 그려진 춤이 뒤따랐다. 그런 것이 한때
크레타의 여왕을 위해 높은 크노소스에서
보였으니, 다이달루스의 예술로 형성된 콤비라는
부대였다. 젊은이들과 처녀들로 손에 손을 잡고
뛰어 올랐다. 처녀들은 리넨의 부드러운 치마를

입었고, 젊은이들은 모두 윤기 나는 조끼 속에서 우아했다. 이들의 머리칼들은 꽃 같은 화환으로 감겨 있었고, 이들의 옆구리들은 황금 검들로 장식되었으니, 그것들은 빛나고 명랑하게 은빛 벨트들로부터 매달려 있었다. 이제 모두 한 번에 그들은 솟아오르고 한 번에 내려왔다. 잘 가르쳐진 발들로 이제 비스듬한 길들로 모양을 만들고, 혼란스럽게 규칙적인 움직이는 미로를, 이제 한 번에 앞으로 눈으로 보기에는 너무 빠르게 튀어 오르고, 구별되지 않게 날아가는 원을 뒤섞었다. 마치 현기증 나는 원 속에서 던져진 바퀴가 맴돌고, 그것이 달리는 만큼 빠르게 단 하나의 바퀴살들은 잃어지는 것처럼. 바라보는 군중들은 주위로 감탄했다. 두 명의 활동적인 텀블러가 중심에서 뛰어올랐고, 이제 높이 이제 낮게 그들의 유연한

사지들을 그들은 구부렸다. 그리고 일반적인
노래들이 그 활기찬 축제를 끝냈다.

 이렇게 넓은 방패를 예술가는 그의 마지막
손으로 완성했고, 주위로 바다를 부었다. 살아있는
은 속에서 파도들이 굴러가는 것처럼 보였고,
방패의 가장자리를 때리고 전체를 묶었다.

 이것이 행해지자, 용사의 사용이 요구하는 어떤
것이든 그는 단련했다. 불들보다 더 빛나는 흉갑을,
유연한 주석의 각반들, 다양한 조각으로 새겨진
투구 그리고 황금빛 깃털 장식 투구를 말이다.
테티스의 발들에 완성된 노고가 놓였고, 그녀는
매가 공기의 길을 가르듯이, 올림푸스의 눈 덮인
정상에서 빠르게 날아갔다. 그리고 하늘들을 통해
그 불타는 선물을 날랐다.

〈III권〉에 계속

003 · 2/3
fly over an apartment with silver wings

일리아스 II

2025년 11월 10일   초판 발행

저 자	호메로스
편역자	제미나이 · S
발행인	송광헌
기획자	송재준
펴낸곳	**복두(더)**
	출판등록	1993년 11월 22일 제10-902호.
	주소	서울 영등포구 경인로82길 3-4 807호
	전화번호	02-2164-2580 팩스	02-2164-2584
	이메일	info@@bogdoo.co.kr
	홈페이지	www.bogdoo.co.kr

ISBN 979-11-6675-671-9 (04890)
ISBN 979-11-6675-668-9 (04890) (세트)

값 6,000원

- 이 책은 저작권법에 따라 보호를 받는 저작물이므로 무단 전재와 복제를 금합니다.
- 이 책 내용의 전부 또는 일부를 이용하려면 반드시 지은이와 복두출판사의 동의를 받아야 합니다.